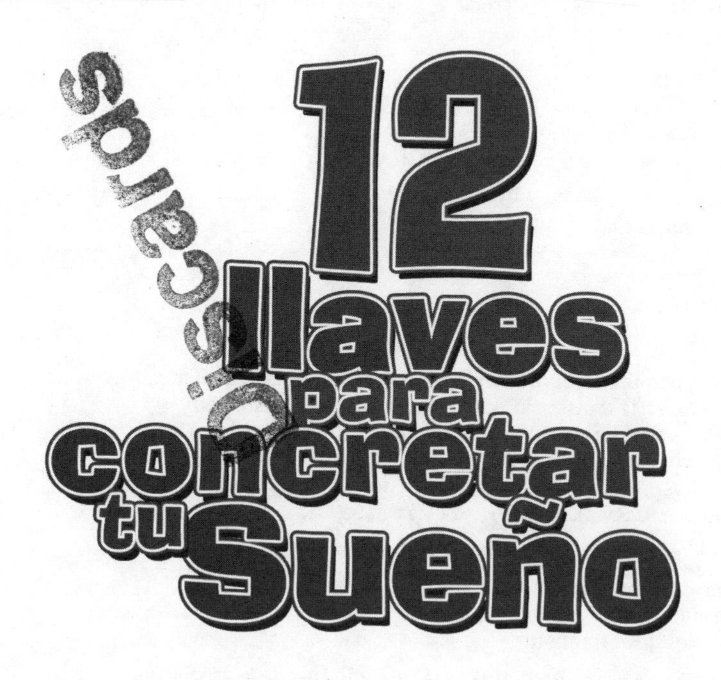

12 llaves para concretar tu Sueño

Daniel González

CertezaArgentina
Buenos Aires 2008

González, Daniel
Doce llaves para concretar tu sueño: herramientas para realizar tu proyecto. – 1ª ed. – Buenos Aires: Certeza Argentina, 2008.
128 p.; 20x14 cm.

ISBN 978-950-683-144-8

1. Vida Cristiana. I. Título.
CDD 248.5

Las citas bíblicas corresponden a la versión *Reina–Valera* 1995.

Edición literaria: Omar Cabral
Diseño: Adrián Romano
Dibujos: José Traghetti

Ediciones Certeza Argentina es la casa editorial de la Asociación Bíblica Universitaria Argentina (ABUA), un encuentro de estudiantes, profesionales y amigos de distintas iglesias evangélicas que confiesan a Jesucristo como Señor, y que se han comprometido a ejercer un testimonio vivo en las universidades del país. Informaciones en: Bernardo de Irigoyen 654, (C1072AAN) Buenos Aires, Argentina.

Contactos:
Ministerio a universitarios y secundarios: (54 11) 4331-5421
abua@ciudad.com.ar | www.abua.com.ar

Librerías y distribuidora: (54 11) 4331-5630, 4334-8278, 4345-5931.
Argentina: pedidos@certezaargentina.com.ar
Exterior: ventas@certezaargentina.com.ar

Editorial: (54 11) 4331-6651 | certeza@certezaargentina.com.ar
www.certezaargentina.com.ar

Impreso en Argentina. *Printed in Argentina.*

Contenido

Introducción

Este manual nos ayudará a ver la forma en que podemos concretar proyectos: presentaremos doce llaves para llevarlos a cabo. En realidad lo que compartiré será útil para aplicar en distintas áreas de tu vida. He desarrollado este tema porque observo que en el pueblo de Dios, o en gran parte de él, hay muchos proyectos y visiones, pero pocos se concretan. Cada fin de año oramos por las personas en la iglesia. Pasan adelante y nos piden que oremos por el proyecto que tienen para el año próximo. Pero cuando le preguntamos que pasó con el proyecto del año anterior, nos contestan: 'Eso ya pasó.' '¿Lo desarrollaste, se cumplió?' 'No, no.'

Parece que vivimos haciendo *zapping* con los proyectos. Llega fin de año y nos ataca la histeria: oramos en diciembre, brindamos el primero de año, y para marzo muchas de esas cosas ya pasaron al olvido.

La Palabra de Dios dice en Filipenses 2.13:

Porque Dios es el que en vosotros produce así el querer como el hacer, por su buena voluntad.

Dice aquí que Dios produce ambas cosas en nosotros. Sin embargo, conozco a muchos cristianos que quieren pero no están dispuestos a hacer. Hay algo así como un pensamiento mágico en gran parte del pueblo de Dios: algunos piensan que cuando Dios da una visión, un proyecto o un sueño, esa visión se realizará de manera mágica, sin que nosotros hagamos nada. No es así. Dice la Palabra de Dios que él produce en nosotros el querer pero también el hacer.

Soy un convencido de que quien no esté dispuesto a hacer, no le servirá de nada el querer. Mejor dicho, aquel que no está dispuesto a pagar el precio del hacer, mejor que no quiera, porque se frustrará una y otra vez. Si el querer no va acompañado del hacer, no lleva a ninguna parte.

¿Sabes cómo podría resumir esto? Con la siguiente frase: muchas personas quieren la resurrección, pero pocas están dispuestas a ser crucificadas. Quieren ese proyecto, quieren tener ese negocio o ese ministerio, pero a la hora de sacrificar, no están dispuestas a pagar el precio. Entonces viven de sueño en sueño, de visión en visión, pero sus vidas no cambian y están siempre igual. Por eso, Dios produce ambas cosas: el querer y el hacer.

Este manual habla del hacer. Habla de cómo organizar los pasos para concretar un sueño. Puede tratarse de un proyecto ministerial, comercial o de cualquier índole. Y si en este momento no tienes un proyecto, te servirá cuando lo tengas. Porque estas son herramientas para tu administración y tu organización diaria.

Lee con cuidado cada capítulo y trata de dar los pasos prácticos. Concretar tu proyecto es una aventura y un desafío que vale la pena llevar adelante. Es mi deseo que logres concretar aquello que estás proyectando.

Llave 1
Tener un proyecto

JEHOVÁ ME RESPONDIÓ Y DIJO:
'Escribe la visión, grábala en tablas,
para que pueda leerse de corrido...'.
Habacuc 2.2

La primera llave para concretar un proyecto es tener uno armado. Algunas personas tienen idea de lo que quieren hacer, pero pocos tienen un proyecto desarrollado adecuadamente.

Dice la Palabra de Dios que aquel que recibe la visión debe escribirla en tablas, es decir, tiene que desarrollar y escribir ese proyecto, esa visión.

Tal vez tengas la idea de instalar un restaurante, pero eso no significa que tengas un proyecto armado para que ese sueño se convierta en una realidad. La idea es un pensamiento; el proyecto es algo que está debidamente desarrollado: describe una meta a alcanzar y contiene todos los datos técnicos y financieros necesarios. Debe estar escrito y contener toda la documentación pertinente.

Algunas personas me dicen:

—Pastor, quiero abrir un restaurante.

—Muy bien. ¿Cuánto dinero necesitas? ¿Qué cantidad de platos? ¿Cuántos cubiertos? ¿Cuánto valen los platos y cubiertos? ¿Cuál es la habilitación municipal que necesitas para abrir el restaurante? En la zona donde lo quieres instalar, ¿están permitidos los negocios de comidas?

—Yo solo quería abrir un restaurante, pastor.

—Y de eso te estoy hablando.

Hay personas que piden dinero para concretar todo tipo de proyectos, pero cuando uno les pregunta acerca de estas cuestiones hacen agua.

El proyecto tiene que estar desarrollado. Si estás armando un proyecto para habilitar un restaurante debes especificar todo: informarte sobre las dimensiones que debe tener el salón, la cantidad de mesas, el costo del mobiliario, de la cocina industrial, de los enseres de cocina, la decoración, los cortinados y la iluminación. Todo debe estar perfectamente investigado, para saber de qué monto de inversión estamos hablando. Además tienes que prever que para un restaurante de cierta cantidad de mesas, necesitas una cantidad proporcional de mozos. Analiza todos los factores concretos. De otra manera, no es un proyecto, es solo una idea.

Muchas personas tienen ideas, pero pocas tienen un proyecto.

Muchas personas tienen ideas, pero pocas tienen un proyecto.

Desarrollar un proyecto resulta tedioso. Cuando lo haces demuestras el verdadero interés que tienes en el mismo, porque son necesarias horas de investigación, horas de estudio, horas de averiguaciones. Cuando vemos a alguien que desarrolló todo eso, nos damos cuenta de que en esa persona hay un interés genuino, un compromiso por llevar adelante el proyecto.

Soñar sin proyectar, sin estudiar los detalles y las posibilidades reales, es nada más que eso: un sueño. Cuando te despiertas del sueño, tu situación sigue siendo la misma de antes.

Esta palabra es para todos, pero especialmente para los jóvenes. Tienes que 'aterrizar' y ver qué harás con tu vida.

Papás y mamás, comiencen a observar a sus hijos y a detectar que harán con sus vidas. Porque hay mucha fantasía dando vueltas, pero los años pasan y uno ve que hay jóvenes que no conocen a Cristo, pero a los veintidós o veintitrés años ya están cursando su segunda carrera universitaria o haciendo un posgrado, mientras que algunos de los jóvenes cristianos todavía no rindieron geografía de cuarto año.

Para cubrir empleos, hoy piden a profesionales de veintisiete y veintiocho años con experiencia. Uno se pregunta, ¿cómo puede ser que a los veintisiete, veintiocho años ya tengan experiencia? ¡Por supuesto! Porque se recibieron a los veintidós años y a los veintisiete o veintiocho ya tienen cinco o seis años de actividad. Son ellos los que se suben al tren de las mejores empresas, de las mejores oportunidades.

Este es el tiempo para despabilarse y para analizar la situación de nuestros jóvenes, de nuestros hijos y también de nuestra propia realidad. Tenemos que pensar qué vamos a hacer de nuestra vida. Está bien tener sueños, está bien tener una visión, pero tiene que estar acompañada de la correspondiente instrumentación.

Si todavía no sabes para qué estás en esta tierra, lo primero que tienes que pedir es que Dios te lo revele.

En nuestra iglesia, el pastor Carlos Mraida es quien recibe la visión de Dios, y yo soy uno de los que la realiza. Tuve la oportunidad de compartir un almuerzo con el pastor Satirio Do Santos unos años atrás, y él dijo algo que marcó mi vida. Comentó: 'Es interesante la forma en que ustedes trabajan porque sin un realizador, un visionario no es nada más que un soñador; y sin el visionario el realizador es solo un activista.' No significa que el pastor Mraida no pueda realizar o que Dios no me dé visión. Pero tenemos bien marcados nuestros papeles en la iglesia.

Por supuesto que tienes que tener la visión de parte de Dios. Algunas personas luchan durante toda su vida para subir la escalera, pero cuando llegan a la cima se dan cuenta de que la escalera estaba apoyada en la pared equivocada. Treparon, escalaron, pero se equivocaron. Esa no era la voluntad de Dios para su vida.

Por esa razón, hay que tener cuidado con el activismo que nos lleva a realizar cosas que no son parte de una visión, que no cumplen el propósito de Dios para nuestra vida. Lo primero que tienes que descubrir es para qué tarea te concibió Dios. Yo sé para qué me creó Dios, de manera que tengo que desarrollarme en ese sentido y bendecir a los demás extendiendo el reino de Dios de la mejor manera posible.

Si todavía no sabes para qué estás en esta tierra, lo primero que tienes que pedir es que Dios te lo revele, porque él creó a cada persona con un propósito diferente. Cuando descubras ese propósito, comenzarás a funcionar en aquello para lo cual fuiste creado. Solo entonces serás verdaderamente feliz. Te darás cuenta de que cuando te ocupes de hacer aquello que es la voluntad de Dios para tu vida, ya no será un 'trabajo' sino un privilegio que te producirá deleite.

Visión y acción

Muchas veces me encuentro con personas que dicen: 'Yo soy un hombre de visión'... pero luego no llegan a ninguna parte.

—¿Ya tienes a la persona que realizará tu visión, o la realizarás tu mismo?
—No, yo soy hombre de visión.
—Yo también tengo visiones, puedo relatarte un montón de ellas, pero ¿cómo las realizaremos?
—Ah, ¡no sé!

A menudo me visitan con proyectos fantásticos:

—Pastor, hay que evangelizar en los trenes, en los subtes.
—¡Muy bueno! ¿Y cómo lo haremos?
—Ah, no sé. Yo le dejo el proyecto.
—Gracias, pero te lo devuelvo.

Si tienes una visión, también debes tener en cuenta la manera de llevarla adelante.

—Pastor, tendríamos que colgar un cartel en el obelisco que diga: 'Dios es amor.'

—¿Y quién se sube al obelisco?

—No, eso no lo sé. Yo le dejo el proyecto, usted órelo.

—¡No, no me lo dejes! Si vas a llevarlo a cabo tú mismo, dime qué empresa te alquilará el andamio para subir hasta allá, cuánto cuesta ese alquiler, quién será el que suba, quién tramitará el permiso del gobierno de la Ciudad de Buenos Aires... No me traigas ideas, porque si es por eso, yo también soy muy visionario.

Si tienes una visión, también debes tener en cuenta la manera de llevarla adelante.

Junto con la visión, necesitamos tener la manera de hacerla realidad. Soñar sin actuar no concreta proyectos. Son solo sueños.

La llave número uno para concretar un proyecto es tener un proyecto armado. Si Dios ha puesto en tu corazón ir como misionero al África, tener un restaurante, ser ingeniero, o cualquier otra cosa, tienes que comenzar a dar los pasos correspondientes para que esa visión se concrete.

En una oportunidad atendí a una persona que me dijo:

—El Señor me llama a ser consejero de presidentes y gobernadores.

—Bueno, le dije, ¿estás estudiando protocolo y ceremonial?
—¿Qué?
—¿Y de qué manera te presentarás delante de un presidente? Si hoy te sientas a una mesa servida con todos los cubiertos que se le sirve a un presidente, ¿sabes cuáles cubiertos escoger primero? ¿O harás que piensen que los cristianos somos unos ignorantes?

Otro me dijo:
—Pastor, tuve la visión de ir como misionero al África.
—Me parece extraordinario. ¿Estás estudiando los idiomas y los dialectos que se hablan en el África? ¿O piensas predicarles en castellano?
—¿Hay que estudiar para ir como misionero?
—Por supuesto. Si no aprendes su idioma no te entenderán.

Soñar sin actuar no concreta proyectos. Son sólo sueños.

Para lograr una meta, tenemos que pagar un precio. Las cosas no ocurren 'mágicamente'.

—Me quiero comprar la casa.
—¿Cuánto estás ahorrando?
—¿Hay que ahorrar para comprar una casa?
—Puede ocurrir que alguien te la regale, pero es un poco difícil.

La primera llave para concretar un proyecto es tener uno desarrollado como corresponde.

Pasos Prácticos

1. Define claramente tu proyecto.

2. Desarróllalo por escrito de forma detallada y concreta.

3. Define quién o quiénes se encargarán de su ejecución.

Padre nuestro que estás en los cielos, te pido que venga sobre tu pueblo una unción de concreción que permita poner por obra toda idea y concretar los sueños y visiones recibidas. Hoy recibimos tu Palabra en forma completa; además del querer estamos dispuestos también al hacer. Confirma cada proyecto en la vida de mis hermanos y que tu bendición los asista a cada uno, para que puedan plasmarlo en un plan concreto, escrito y específico para que se haga realidad en sus vidas. En el nombre de Cristo Jesús. Amén.

Llave 2
Meditación

PUES ASÍ HA DICHO JEHOVÁ
de los ejércitos: Meditad bien
sobre vuestros caminos.

Hageo 1.5

La indicación es pensar bien sobre nuestros proyectos, comprobar si coinciden con el plan de Dios para nuestra vida.

Cuando recibes una visión, un proyecto, un anhelo, lo primero que tienes que hacer es examinar si viene de parte de Dios. ¿Sabes si ese proyecto es la voluntad de Dios para tu vida o es simplemente algo que deseas, pero que no viene de parte de Dios? Algunos proyectos son muy buenos pero eso no significa que sean la voluntad de Dios para nosotros.

Yo tenía un proyecto laboral buenísimo en la empresa multinacional en la que trabajaba, y eso no significaba que el llamado de Dios para mi vida fuera ser un hombre de carrera en una empresa. Me iba extraordinariamente bien, y me ascendían en tiempo récord, por lo que podía haber pensado: 'Si me va tan bien, quiere decir que es de Dios.'

No era de Dios. Yo estaba llamado al ministerio en la iglesia. De manera que hay que usar muy bien el discernimiento espiritual, porque a pesar de que te vaya bien y que eso que estás haciendo es algo que te apasiona, no significa que sea la voluntad de Dios para tu vida. Tienes que apartarte y meditar muy bien y comprobar si verdaderamente eso es lo que Dios quiere.

Tenemos que orar sin condicionar de antemano la respuesta que queremos recibir, orar con una mente abierta. Muchos oran con prejuicio o esperando recibir una determinada respuesta. Algunos oran directamente para que Dios bendiga sus planes, después que los desarrollaron y los pusieron en marcha dicen: 'Señor, ahora te pedimos que bendigas todo esto...' Si esto es su voluntad o no, ¿a quién le importa? Pero sí repiten: 'Tú eres el Señor de mi vida.'

Todos los planes deben ser presentados antes a Dios y él tiene que confirmarlos.

¿Y si después me arrepiento?

Debemos analizar aquello que abarca ese proyecto, es decir, hacia dónde nos conduce. Para seguir con el ejemplo del restaurante: algunas personas tenían como proyecto montar un negocio de comidas; lo concretaron y ahora se quejan de que trabajan en año nuevo y en navidad, que los domingos no pueden ir a la iglesia, que no tienen un rato libre. ¿Por qué no lo pensaron antes? ¿Puede ser de Dios un trabajo que nos impida servirle a él?

Uno tiene que tener la capacidad de verse en el futuro. Si tuviéramos la capacidad de vernos en el futuro, no tomaríamos muchas de las decisiones que tomamos. Si David hubiera tenido la capacidad de ver hacia dónde lo conducía 'engancharse' con Betsabé, no lo hubiera hecho. Si Nabucodonosor hubiera tenido la capacidad de ver adónde lo conducía su soberbia, seguramente no hubiera menospreciado el nombre de Dios como lo hizo.

¿Hacia dónde me lleva este proyecto? ¿Cómo me veo funcionando en esta área?

Somos responsables de nuestra vida y tenemos que hacernos cargo de las decisiones que tomamos. Por eso la Palabra de Dios manda que meditemos, y que lo hagamos bien. No te manejes por corazonadas o pálpitos, si tienes corazonadas o palpitaciones, pide que te hagan un electrocardiograma... pero no tomes decisiones de esa forma.

Somos el resultado de lo que hicimos o dejamos de hacer en el pasado y en el futuro seremos el resultado de lo que hagamos o dejemos de hacer hoy. Por eso el presente es tan importante, porque determina la clase de futuro que tendremos y es también el resultado del pasado. Si obramos conforme a lo que Dios quiere, tendremos un futuro extraordinario y luego habrá un pasado del cual gloriarnos en el Señor. Cuando medites y transites tus caminos con sabiduría de Dios, no tendrás que renunciar a tu pasado. Al contrario, al mirarlo, darás gracias a Dios por él. Cuando meditas primero y luego transitas tu camino con sabiduría de Dios, no tendrás temor del futuro, porque la mejor manera de predecir el futuro es creándolo con la guía de Dios. Cuando siembras buena semilla cosechas buenos frutos.

Tenemos que ser sobrios en cuanto al éxito y a los tiempos del éxito. El cristiano debe tener un pensamiento positivo y un pensamiento de conquista, pero no tiene que ser exitista. Son dos cosas completamente distintas. Por ejemplo pensar: 'Abriré el restaurante. El primer día se llenará de gente. Todo el mundo hará una larga fila para comer en mi establecimiento, y el que concurre hace veinte años al restaurante de enfrente dejará de ir allí para comer en el mío.' Esta es una expectativa exitista en cuanto a los tiempos y en cuanto al desarrollo de ese proyecto, es una fantasía que después no se cumple.

El cristiano debe tener un pensamiento positivo y un pensamiento de conquista, pero no tiene que ser exitista.

La clave para encarar cualquier tipo de desafío es hacerlo esperando lo mejor y a la vez estar preparado para lo peor:

> Uno espera no enfermarse, pero tiene cobertura médica.

> Uno espera no chocar, pero tiene asegurado el automóvil.

> Uno espera que nunca se produzca el incendio, pero tiene los matafuegos correspondientes.

> Uno espera no morirse, pero tiene seguro de vida.

Cuando estás preparado para lo peor, aun en la peor situación sales a flote. Y si la situación es muy buena, estás en inmejorables condiciones para transitarla.

Pero si estás preparado solamente para lo mejor y tu pronóstico falla aunque sea un poquito, te encontrarás en medio de un desastre. Por eso debemos esperar lo mejor y a la vez estar preparados para lo peor.

Tenemos que sentir paz de Dios y convicción con respecto a aquello que estamos por hacer. A medida que te metes en el proyecto y comienzas a caminar en él, tienes que sentir la paz de Dios y la convicción de que estás caminando en su voluntad.

El apresuramiento es uno de los enemigos más peligrosos que enfrentamos. El otro es la pasividad. Cuidado con estas dos actitudes; ambas frustran cualquier proyecto. El apresuramiento es tan nocivo como la pasividad, y nos lleva a cometer graves errores. Nunca te olvides de que cuando el diablo no te puede detener, te apura. Es necesario que tengamos discernimiento mientras estamos desarrollando un proyecto.

Nunca te olvides de que cuando el diablo no te puede detener, te apura.

La llave de la meditación es la que nos permite reflexionar adecuadamente en el Señor sobre el proyecto. Antes de invertir dinero y tiempo de tu vida, medita bien hacia dónde te conducirá lo que vas a emprender y confirma si es la voluntad de Dios que vayas hacia allí.

Pasos Prácticos

1. Ora buscando confirmación de Dios para el proyecto.

2. Considera el impacto que el proyecto tendrá en tu vida y en la de tu familia.

3. Espera lo mejor, pero no olvides mantenerte preparado para lo peor.

Señor, te pido que nos ayudes a meditar y a hacerlo bien, tanto sobre nuestros caminos, nuestra forma de vivir, como sobre los proyectos que llevaremos a cabo. Mi oración es que toda puerta que provenga de ti se abra y nadie la pueda cerrar, y que aquella que no provenga de ti se cierre y nadie la pueda abrir. Lo que pido, Señor, es que no permitas que erremos el camino. Ayúdanos a hacer tu voluntad en todo, en tu santo Nombre. Amén.

Llave 3
Estímulo propio

DETERMINARÁS ASIMISMO UNA COSA,
y te será firme, y sobre tus caminos
resplandecerá luz.

Job 22.28 (RVR *60*)

Este es un tremendo mensaje de parte de Dios para nuestro desarrollo. Observa con atención las palabras. ¿Cuándo resplandecerá la luz sobre tus caminos? Cuando decidas algo y te mantengas firme.

Tú eres quien determina llevar ese proyecto adelante. La llave del estímulo propio sirve en los momentos en que los demás no te apoyan. Si bien es agradable recibir estímulos de otros, no debe ser éste el elemento que defina la concreción del proyecto.

Es interesante la historia de Michael Jordan, el jugador de básquet. Cuando era adolescente le gustaba jugar al básquet, pero su entrenador en el colegio le dijo que era muy torpe con las manos y que le convenía dedicarse a la natación. Cuando Michael Jordan volvió a su casa, le dijo a la madre:

> Hoy el entrenador me dijo que soy torpe con las manos y que sería mejor que me dedicara a la natación. Pero decidí que seré el mejor jugador

de básquet del mundo; necesito que papá me ayude a colocar un tablero en el garaje de casa, porque tengo que entrenar.

Relata su biografía que la madre comenzó a preocuparse, porque el muchacho pasaba cuatro o cinco horas lanzando al aro. Ella llegó a pensar que sufría algún tipo de autismo. Sin embargo, Jordan logró ser el mejor jugador de básquet del mundo.

Se cumplió lo que dice la Palabra: determinarás una cosa y te mantendrás firme y entonces sobre tu camino resplandecerá luz.

Hoy en día hay mucha indecisión. Hoy quiero ser pastor, mañana ingeniero, pasado mañana me siento llamado a ser un misionero en Mongolia, y otro día me parece que quiero quedarme en mi casa sin hacer nada.

Veo a algunos jóvenes de la iglesia que comienzan una carrera, y de pronto cambian a otra. No cambian a carreras afines, como por ejemplo estudiar abogacía y pasarse a la carrera de escribanía. ¡No! Comienzan con abogacía y de pronto quieren ser pintores. O en medio de su carrera de medicina quieren ser músicos.

Y se pasan los años en medio de esa confusión. Sin embargo, los que tienen éxito son aquellos que definieron una opción y se mantuvieron en ella.

Hay otros que determinan comprarse una casa. Aunque le ofrezcan un automóvil barato, o un terreno conveniente en la Loma de No Sé Dónde, siguen firmes tras la casa; de allí no se mueven. Y por supuesto, terminan comprándose una casa.

La Palabra de Dios dice que cuando determinas una cosa y te mantienes firme, resplandece la luz sobre tus caminos. Aunque no te sientas respaldado por los demás, tu convicción debe ser tan firme como para que puedas seguir solo, frente a vientos y mareas.

Otra historia interesante es la de Edison, uno de los inventores más grandes de la historia de la humanidad. Se burlaban de él porque sus ensayos fracasaban, pero cuando llegó al intento número mil de crear la lamparita eléctrica, dijo: 'Puedo festejar porque hemos descubierto mil formas que no nos permiten lograrlo, de manera que hemos adelantado bastante, y seguimos intentando.' Eso es estímulo propio.

Y aunque tengas el respaldo de otros, no debes perder la objetividad acerca del tiempo y los factores necesarios para realizar el proyecto. No te dejes apurar por el entusiasmo de los otros. Cuidado con esto, por que así como algunos te tiran hacia abajo, otros te empujan equivocadamente.

Además, debes tener cuidado con las personas con quienes compartes tu proyecto. Por lo general, los que fracasaron y son mediocres te tiran abajo cualquier intento, porque dicen: 'Eso es una locura, no te dará resultado, no naciste para eso.' Debes romper toda maldición en el nombre de Jesús de Nazaret.

Hay maldiciones que se pronuncian en forma consciente y otras que se pronuncian en forma inconsciente. Aunque las maldiciones se pronuncien en forma inconsciente y las personas no lo hagan con mala intención, igual maldicen.

Estos errores se dan a menudo con respecto a la educación de los hijos. Me ha tocado atender a adolescentes que me dicen:

—¿Sabe cuál es mi problema, pastor? Que no llegaré a nada en la vida.

—¿Y quién te dijo esa mentira del diablo?

—Mi mamá, me lo repite todos los días.

Entonces llamo a la madre y le aconsejo:

—Deje de maldecirla. Que no sepa lavar los platos no quiere decir que no llegará a nada en la vida. Tiene que aprender a hacerlo...

Pero la madre insiste:

—Si no lava los platos no llegará a nada en la vida, si no aprende a tender su cama no llegará a nada en la vida.

No llegará a nada... no llegará a nada... y continúa maldiciéndola.

De la misma manera, algunos te apuran y se entrometen. Como no pudieron vivir o alcanzar algunas cosas ellos mismos, quieren vivirlas a través tuyo. A veces son intromisiones sutiles.

Esta actitud es muy frecuente en los padres de alguien que se casa. La madre le regala el vestido de novia a la hija, como el que ella hubiera querido usar, pero la hija no quiere saber nada con usar ese vestido.

Yo aconsejo a esa chica: 'Devuélvele el vestido a tu mamá. Si quiere regalarte el vestido de novia, que te dé el dinero para que te compres el que te gusta.'

Muchos padres que son pastores piensan que los hijos también deben serlo. Pero los hijos no quieren ser pastores. Los presionan hasta que lo logran, pero luego fracasan en el ministerio.

Por esa razón, debes tener cuidado, porque algunos te detendrán y otros tratarán de apurarte. Debes aplicar discernimiento para evaluar los tiempos del proyecto y ser objetivo. Muchos de los que te alientan o te apoyan no ponen ni el dinero ni el esfuerzo, y cuando te estrellas, no son ellos los que se estrellan. Desde afuera, todos son directores técnicos, se las saben todas. Pero cuando miras la vida de algunos de esos 'directores', te das cuenta que es mejor no escucharlos.

Debes tener estímulo propio para saber cuándo es el momento de hacer las cosas y de qué manera.

Ya sea que te tiren para abajo, o que te quieran apurar, mantén objetividad. Debes tener estímulo propio para saber cuándo es el momento de hacer las cosas y de qué manera.

Por supuesto, si en el matrimonio hay que tomar una decisión que compromete al otro (por ejemplo, viajar al exterior), ambos deben estar de acuerdo. Cuando Dios me llamó al ministerio fue una decisión que Sandra y yo tomamos juntos.

Algunos me dicen:

—Su esposa, la pastora Sandra...

—¡No! Mi esposa no es la pastora Sandra. Ella no tiene un llamado pastoral, pero comparte el ministerio conmigo.

Lo comparte, sin duda, porque cuando viajo a predicar cuatro días en otro lugar, ella ministra a nuestros hijos en la casa. Cuando tuve que rechazar una oferta de ascenso en la empresa que trabajaba, lo hablé con ella. Mi jefe me advirtió que, cuando se enterara que yo dejaría ese puesto para ser pastor, mi esposa me rompería un sartén en la cabeza y al otro día yo volvería a la empresa.

No fue así, porque cuando Dios llama, llama a los dos.

Ocurre lo mismo para cualquier otro proyecto. El hombre decidió ser piloto de aviación, y ahora tiene el matrimonio partido en cuatro porque vive volando de acá para allá. Tendría que haber pensado antes de meterse en la aerolínea, tendría que haber orado como familia, haber fortalecido la pareja, darse apoyo mutuo. Hay que tener en cuenta todas estas cosas antes de continuar con el proyecto.

La llave del estímulo propio es fundamental para mantener equilibrio emocional y alcanzar la concreción del proyecto. Hay muchos hermanos que un día están en el tercer cielo, y al otro día en el fondo del pozo. Un día exclaman: ¡Esta es la mejor iglesia del mundo! Y el mes siguiente ya no vienen. ¿Qué les pasó?

Un día un hermano dice: 'Tengo un llamado para trabajar con los niños.' ¡Que bueno! Pero a los dos meses abandona. 'Pastor, yo sentía que debía estar con los niños pero ahora ya siento otra cosa.' Los chicos preguntan por él y no se lo puede encontrar por ningún lugar. Por esa razón, en la iglesia impusimos una norma: el que comienza una tarea tiene que terminar el año realizándola. No importa si lo siente o no lo siente. Debe terminarla, para romper la maldición de comenzar las cosas y dejarlas a la mitad. Muchos niños llegan a la iglesia con severos abandonos, y lo único que falta es que también los abandone un maestro de la escuela de educación cristiana.

Hay un tiempo para cada cosa y es fundamental saber medirlo.

Para que no te frustres por no llevar a cabo el proyecto o por realizarlo fuera de tiempo, necesitas equilibrio emocional. Las iniciativas pueden frustrarse por no realizarlas o bien por realizarlas fuera de tiempo. Si eres joven y estás interesado en una chica, puedes perderla por no hablarle nunca o por tirarte a la pileta como un zampatortas y quedar como un desubicado.

Hay un tiempo para cada cosa y es fundamental saber medirlo.

Pasos Prácticos

1. Decide auto motivarte, más allá de lo que hagan los demás.

2. Establece tú mismo los tiempos de concreción del proyecto, más allá de las expectativas de los demás.

3. Focalízate, sé tenaz y no te disperses ni abandones.

Padre, recibimos esta palabra en nuestro corazón y nos disponemos a ponerla por obra.
Queremos determinarnos a nosotros mismos y no permitir que otros determinen nuestra vida por nosotros. No dejaremos que nadie nos fuerce a vivir la vida sino que viviremos conforme a tu voluntad. Elegiremos una cosa, no varias, y nos concentraremos en ella. Líbranos de vivir dispersándonos sin concretar nunca nada. Señor, haz que nos mantengamos firmes en lo que determinamos, que perseveremos en ese proyecto o esa visión, con la seguridad de que al obedecer a tu Palabra en estos aspectos sobre nuestro camino resplandecerá luz.
Yo bendigo a tu pueblo, Señor, con estímulo propio, con focalización y con tenacidad en el nombre de Cristo Jesús. Amén.

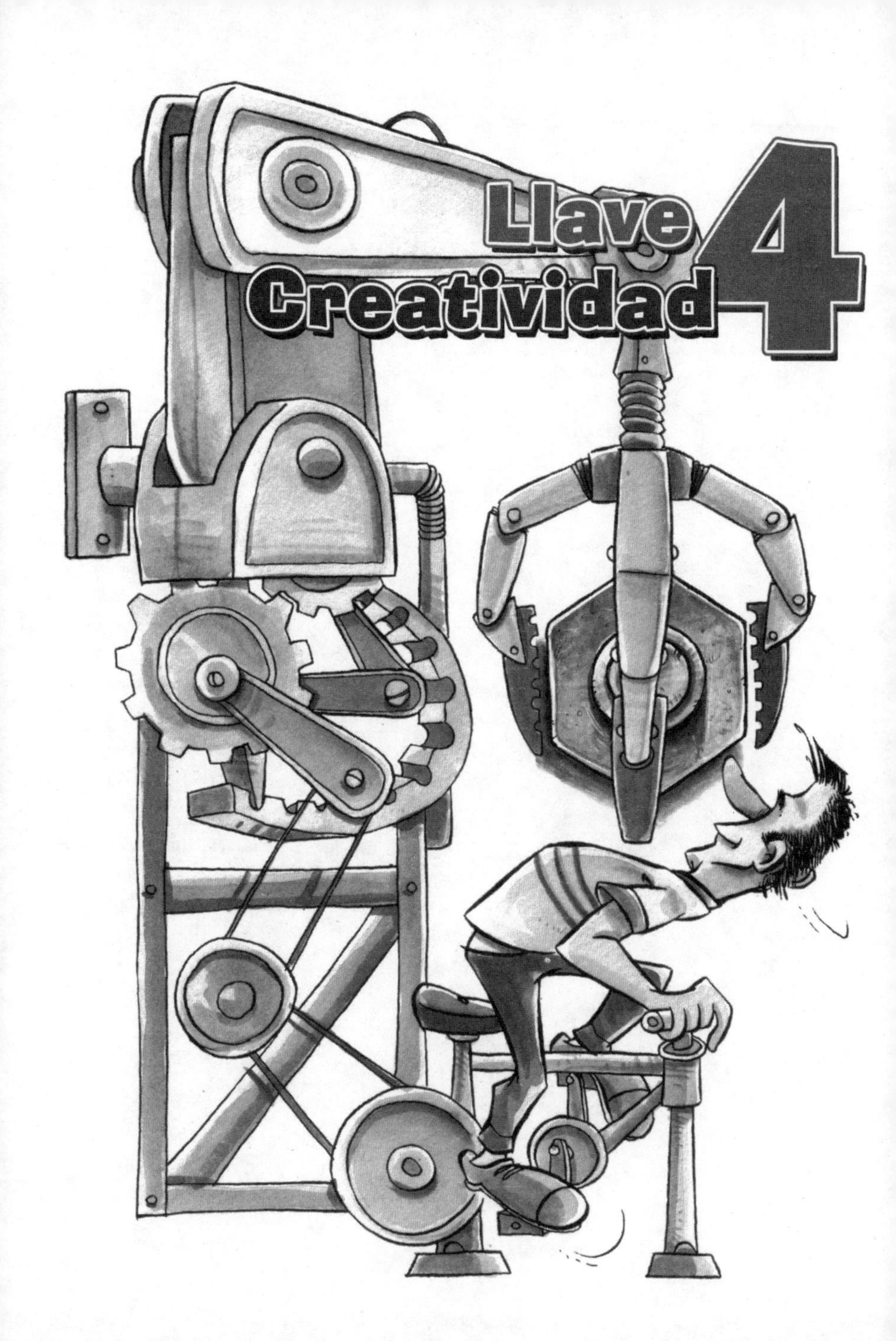
Llave 4
Creatividad

ANTES BIEN, COMO ESTÁ ESCRITO:
Cosas que ojo no vio, ni oído oyó, ni han subido al corazón del hombre, son las que Dios ha preparado para los que lo aman.
1 Corintios 2.9

Tremenda palabra de Dios. Cosas que nunca fueron vistas, ni oídas; cosas que no se le ocurrieron a nadie. Estas cosas son las que Dios ha preparado para los que lo aman.

La creatividad es una llave muy necesaria para concretar un proyecto. Es una llave fundamental. Piensa en ese proyecto que vas a desarrollar en forma creativa. En una oportunidad me tocó ayudar en la negociación para la compra de un lugar para una iglesia del interior y tuvimos que negociar con una propuesta creativa. No estábamos en condiciones de realizar una operación común, de manera que tuvimos que hacer mitad *leasing*, mitad compra, y como terminaríamos de pagar a lo lejos, entregamos un templo a cuenta del total.

En otro caso, estábamos luchando por una propiedad importante para una iglesia, y cuando terminamos el negocio, el que vendía me dijo:

—Nunca hice una operación de este tipo, y eso que ya hice varios negocios.

—Lo sé —le dije—, estas son operaciones del tipo 'evangélicas'.

Cuando te falta el dinero tienes que usar la creatividad. De otra manera, te quedas parado en el andén, y el tren se va. Pero Dios da creatividad a sus hijos, y es muy necesaria cuando se presentan limitaciones que nos impiden concretar el proyecto que tenemos. Necesitamos creatividad para sortear esos obstáculos.

La llave de la creatividad es para cuando surge un obstáculo.

Muchas veces el proyecto queda trunco, porque al primer escollo nos detenemos. Los obstáculos pueden ser económicos, o la dificultad de conseguir las personas apropiadas, u otros. Como las cosas no se dan como uno esperaba, el proyecto queda paralizado. 'Esperaba que me dieran el crédito en el banco, pero como me rechazaron el pedido, se terminó el proyecto.' Precisamente, la llave de la creatividad es para cuando surge un obstáculo.

Dios da a sus hijos ideas innovadoras que no se les ocurren a otros. Nunca te olvides de que corres con una ventaja sustancial, porque tu mente está guiada por el Espíritu Santo, que es el espíritu de Dios. Quiero recordarte que el Espíritu Santo te conduce a toda verdad.

En una oportunidad prediqué sobre un pasaje que está en Éxodo, acerca de que Dios había puesto sabiduría en la mente de todo sabio, para inventar diseños, para tallar madera. Eran sabios, pero Dios puso en ellos una sabiduría especial. Por eso yo creo que, bajo la guía del Espíritu Santo, un arquitecto puede crear determinadas construcciones que otros no podrían lograr. Bajo la guía del Espíritu Santo, un artista puede crear cosas diferentes.

Usa tu creatividad. Pídele a Dios que te revele cosas que ojo no vio, ni han subido al corazón del hombre. El Espíritu Santo te permite tener creatividad por medio de la revelación, para discernir y encontrar caminos que abrirán puertas que ahora te parecen infranqueables. El Espíritu de Dios actúa en tu vida para ayudarte a desarrollar tu persona. Cuando estás dependiendo de él, viene revelación a tu vida.

Corres con una ventaja sustancial, porque tu mente está guiada por el Espíritu Santo, que es el espíritu de Dios.

Muchas veces nos preguntamos: '¿Cómo se le pudo haber ocurrido esta forma de evangelizar, o esta forma de construir o de encarar este negocio?' Porque el Espíritu se lo reveló. Cuando uno está abierto al Señor y le pide sabiduría e inteligencia, el Señor muestra estas cosas.

En una ocasión conversé con un pastor que no era precisamente un arquitecto, y tenía que construir el edificio del templo. En sueños, el Espíritu le reveló cómo tenía que ser el edificio. Él lo dibujó y el constructor lo hizo realidad, comprobando que las medidas, las alturas, el costo de los materiales, todo estaba bien calculado. Depende de nosotros pedirle al Señor que nos muestre lo que otros no ven, y sacar ventajas de esto.

Este es tiempo de crear cosas nuevas, de crear canales de comercialización diferentes, formas de financiación novedosas que el Espíritu revelará a los hijos de Dios que se lo pidan.

Quiero darte un ejemplo de creatividad: Yo tenía como cliente a una firma que remodeló su restaurante. En ese tiempo yo trabajaba para una multinacional vendiendo gaseosas, y un día visité ese negocio que estaba en un barrio de Buenos Aires. Cuando llegué vi que el lugar estaba cambiado. A mí me compraba el hijo del dueño, y ese día le dije:

—¡Esto quedó impresionante! ¡El dinero que habrán invertido en esta remodelación!

De verdad, había quedado impecable. Para mi sorpresa me contestó:

—Con esta remodelación ganamos 20.000 dólares.

—¿Cómo? —le pregunté.

—Sí —me confirmó—, ganamos ese dinero. Le voy a explicar: la remodelación costó 80.000 dólares; pero ¿ve la marquesina allá arriba? Una empresa aportó 40.000 para que pusiéramos ese cartel. ¿Ve esta máquina de café? La empresa que las fabrica nos dio 10.000 dólares para que la pusiéramos allí. ¿Ve que las listas de precios tienen propaganda de vinos? Esa empresa nos bonificó en 5.000 dólares para figurar en las listas. En resumen, recaudamos

100.000 dólares, y la remodelación, como le dije, salió 80.000. Ganamos 20.000. Mi papá tiene dos pizzerías más, así que comenzamos a remodelarlas con esa diferencia.

Echaron mano a la creatividad. Otros, en su lugar, habrían puesto los 80.000 dólares de su bolsillo. Hasta la empresa para la que yo trabajaba, que es una de las más grande del mundo en la venta de gaseosas, terminó invirtiendo en aquel negocio.

La llave de la creatividad funciona cuando te permite ver cosas y potenciarlas.

El edificio donde yo vivo era de una mueblería que quebró, y lo único que quedó fue el terreno. Los dueños le propusieron a una empresa constructora: 'Nosotros ponemos el terreno, ustedes levantan el edificio y nos pagan el terreno con 20 departamentos.' Hoy, las dos viudas de los que eran los integrantes de la mueblería, viven del alquiler de los diez departamentos que le quedaron a cada una. A un promedio de 800 pesos por mes, reciben 8.000 pesos sin hacer nada. La constructora hizo su negocio también, porque en lugar de gastar dinero para comprar un terreno, lo pagaron con departamentos, lo cual les resultaba más conveniente que pagarlo con dinero. Esta es la ley de la creatividad.

Algunos otros dueños de pizzerías imitaron a mi cliente de Flores, y con las bonificaciones de las empresas se ayudaban a pagar los alquileres. Yo visitaba a otras confiterías que también estaban muy bien ubicadas, en esquinas estratégicas, y cuando preguntaba acerca de los enormes alquileres que seguramente pagarían, algunos comentaban que habían hecho acuerdos con las empresas, y con sus bonificaciones les pagaban el alquiler.

De manera que para alquilar una propiedad de 20.000 pesos mensuales, no hace falta tener mucho dinero disponible, sino mucha inteligencia y creatividad. No siempre todo depende del dinero sino de la sabiduría y de la creatividad.

Traslada estas experiencias al terreno de tu micro emprendimiento o aquello que quieras encarar. Aplica estas alternativas. No se trata de una sociedad con incrédulos sino de una alianza estratégica. No hay yugo desigual, porque no son dueños de la empresa. Es la venta de un espacio con fines publicitarios.

A la hora de financiar es conveniente hacer propuestas no convencionales. Hay formas ya estipuladas de negociar y de financiar, pero también hay propuestas no convencionales.

Te doy otro ejemplo. Ciertas personas tenían que construir un negocio en planta baja. La edificación costaba varios cientos de miles de dólares, pero les resultó gratis. ¿Cómo lo lograron?, te preguntarás. Muy fácil: ellos no necesitaban el espacio aéreo y lo vendieron. Le dijeron a la constructora: nosotros les permitimos levantar un edificio a cambio de que nos construyan la planta baja y el primer piso gratis. Como para la constructora ese espacio aéreo representaba un buen negocio, accedieron. Si vas a ese centro médico que hay en la planta baja ahora, podrías pensar que costó una fortuna, pero no, se pagó solo.

Hay distintas formas de comercializar. Lo tradicional hubiera sido vender el terreno, buscar oficinas, pero ellos aprovecharon lo que tenían. Me dirás que son grandes negocios, pero este principio también se puede aplicar a negocios pequeños.

Algunas instituciones imprimen revistas que podrías pensar que salen una fortuna, pero ves que hay auspiciantes, publicidad. Ellos son los que pagan la revista. Y según qué auspiciantes que pagan la impresión, la revista se jerarquiza.

La llave de la creatividad es imprescindible a la hora de inventar nuevas formas de comercialización, nuevas formas de financiamiento. Ante cualquier obstáculo, utiliza la llave de la creatividad. Te abrirá puertas que te parecían infranqueables. A veces uno tiene que comprar algo y piensa: 'No tengo el dinero.' En lugar de decir 'no lo compro', uno tiene que ponerse a pensar: '¿Cómo puedo hacer para recaudar ese dinero? ¿Qué trabajo extra puedo encarar para que esto se haga realidad?' No tenemos que ver la situación desde lo que no tenemos, sino desde lo que sí tenemos y desde la forma en la cual podemos aprovecharlo en su máximo potencial.

> Uno tiene que procurar creatividad que se pueda aplicar.

Creatividad realizable. Muchos tienen creatividad, pero es inaplicable. 'Si me recibo de médico en un año, el año que viene comienzo a ejercer.' No se puede estudiar medicina en un año. Eso es inaplicable, es una fantasía. Uno tiene que procurar creatividad que se pueda aplicar. Tomar en cuenta lo que me conviene a mí, pero también lo que le conviene al otro. Porque si no le conviene, no financiará mi proyecto. Si no hago que esto le resulte interesante, me dirá que no. Esta esquina, ¿puede interesarle a esta empresa? Esta forma de pago que ofrezco ¿puede servirle? Esta publicidad, ¿puede serle beneficiosa?

A veces desarrollamos proyectos sociales y nos resulta difícil conseguir los recursos. Pero hay empresas que no tienen nada de expansión en lo social, y uno puede proponerles que aporten el dinero, y nosotros el proyecto. Eso crea una sinergia. Porque si la empresa tiene que desarrollar un comedor o una bolsa de trabajo, no es su ámbito, no saben hacerlo. Ellos tienen los recursos, y las personas que saben desarrollar esta tarea no tienen el dinero. Se puede hacer una alianza estratégica: que cada uno se ocupe de lo que tiene que ocuparse.

Si tu proyecto está estancado y no encuentras cómo ponerlo en marcha, es tiempo de orar y buscar creatividad de parte de Dios. Pídele a Dios que te revele cosas que otros no ven y otros oídos no oyen, cosas que a otros no se les han ocurrido pero Dios puede mostrarte y hacer que des en la tecla y que tu proyecto se concrete.

También puedes utilizar la llave de la creatividad para lanzar al mercado artículos y servicios nuevos. Para esto es importante partir de una necesidad o de un problema existente y usar la creatividad para resolverlo. Donde hay una necesidad, hay una oportunidad, solo necesitamos detectar la necesidad y con creatividad proveer una solución para ella.

Dios te dio creatividad. Úsala.

Pasos Prácticos

1. Tómate tiempo para desarrollar tu creatividad y considera posibles alternativas en tu proyecto.

2. Presta atención a las necesidades que requieren ser cubiertas.

3. Chequea si las ideas son realizables y pon manos a la obra.

Amado Dios, clamamos en esta hora que tu Santo Espíritu nos revele esas cosas que todavía ojo no vio, ni oído oyó, ni han estado en el corazón de nadie, para que podamos ser pioneros en ese terreno. Padre, danos creatividad para generar proyectos nuevos y también para poner en marcha proyectos ya existentes que están estancados.
Abrimos nuestra mente para que obres en ella, y extendemos las fronteras de nuestro entendimiento para que nos muestres las cosas grandes y preciosas que tienes preparadas para nosotros.
Bendigo a tu pueblo con creatividad y sobre todo con una ministración especial de tu Espíritu Santo. En el nombre de Jesús. Amén.

Llave 5
Imitación

Hermanos, sed imitadores de mí
y mirad a los que así se conducen según el ejemplo que tenéis en nosotros.

Filipenses 3.17

Esto lo dijo el apóstol Pablo. Esta llave sirve para cuando el proyecto ya fue implementado por otros. Puedo valerme de esa experiencia para mi beneficio.

Hay proyectos que son novedosos. Pero hay otros que ya fueron hechos y que podemos adoptar como propios. Cuando estás desarrollando un proyecto nuevo, estás haciendo camino al andar. Estás pagando un precio de dos formas diferentes. La primera, hacer la experiencia que nunca hizo otro. Tienes la ventaja de que estarás haciendo algo novedoso y serás pionero. Pero si nadie lo hizo antes, tienes que desarrollarlo y llevarlo adelante y eso producirá errores, tropiezos, de los que tendrás que aprender sobre la marcha.

La llave de la imitación sirve para el caso que el proyecto ya ha sido desarrollado por otro. Consiste en aprovechar la experiencia de otro en beneficio propio. Para realizar un viaje hay que consultar a alguien que ya lo haya hecho. Mi cuñado tiene una cantidad de mapas, cada uno de ellos bien marcado. De manera que cuando tengo que ir a algún lugar, se los pido. En varias oportunidades tuve que viajar a Uruguay o a Brasil en vehículo, y él tiene todo marcado en sus mapas. Si hay un puente angosto, si ese tramo de ruta tiene pozos... y uno llega al lugar marcado ¡y están los pozos! Es un fenómeno mi cuñado.

La llave de la imitación sirve para aprovechar la experiencia de otro en beneficio propio.

Si él fue y volvió bien, significa que siguiendo el mismo recorrido yo también voy a ir y volver bien. Estoy aprovechando esa experiencia, en lugar de romper el tren delantero del automóvil en los baches.

Si tu proyecto es vender hamburguesas, imitar a Mc Donald te puede servir. ¿Se entiende? Ellos ya lo tienen todo estudiado: por qué las papas fritas se colocan de un lado y el *ketchup* del otro. El color del salón de venta, el tipo de uniformes. Ya está estudiado. Entonces, si tienes un proyecto en ese rubro, seguramente te puede servir montarte sobre la experiencia recorrida por esa empresa. Por supuesto que en el futuro podrás mejorar el sistema o aplicarlo mejor que ellos, dado que muchos imitadores consiguen mejores resultados que los creadores.

Esto es interesante. Muchas veces ocurre que el que creó un sistema desarrolló un manual de procedimientos, pero no lo cumple. Aquel que imita, como se reconoce con menor capacidad, se sujeta a ese manual y al final le va mejor.

Hay creyentes que conocen la Palabra de Dios, pero no la aplican. Y hay incrédulos que aplican los principios de la Palabra, y son prosperados. La Palabra de Dios se cumple, no porque yo crea, sino porque es la Palabra de Dios. Aunque yo no crea, se cumple igual. Tuve más de una vez entrevistas con personas que no creen, y cuyo negocio ha prosperado. Cuando les pregunto cómo hicieron, me contestan: 'Yo no le debo nada a nadie.' Este es un principio bíblico. 'Gasto lo que tengo.' Otro principio bíblico es: 'Antes de meterme en algo, calculo si podré terminarlo.' Palabras de Jesús.

Entonces les pregunto en cuál iglesia se congregan y me responden que en ninguna, que no creen en Dios. Pero les va fenómeno.

En cambio está el otro que conoce la Palabra, y hasta la enseña, pero cuando le pregunto cómo hizo, me contesta: 'Me tiré a la pileta sin mirar si había agua.' ¿Cómo andan tus finanzas? 'Y, le debo a cada santo una vela, por algunos lugares no puedo pasar porque tengo pedida la captura.' Es creyente, conoce el manual de instrucciones, pero no lo aplica. Por esa razón, muchas veces el que imita logra éxito en lo que emprende, porque cumple al pie de la letra lo que está escrito en el manual.

Este principio se aplica en todos los casos. Si tienes el proyecto de instalar un comercio, tendrás que reunirte con alguien que tenga un negocio similar y preguntarle cuáles son los mejores proveedores, cuáles son los mejores horarios para atender, las mejores épocas del año. En cualquier ámbito en el que quieras manejarte, es conveniente que apliques este sistema, porque te ahorrará muchos dolores de cabeza. Pero para hacerlo, hay que tener humildad. Hay que reconocer que el otro prosperó, e imitarlo. Los cambios vendrán después.

Usted que vende repuestos para automóviles, ¿cómo hay que encarar este negocio? Pero después dicen: 'Sí, me reuní con Fulano, pero no sabe tanto.' Resulta que hace veinte años que se dedica a eso, y prosperó, pero lo cuestionamos. Ocurre lo mismo en muchas entrevistas pastorales. 'Vengo a consultarlo, pastor. Aunque en realidad yo creo que hay que hacerlo así.' Entonces, ¿para qué consultas? Sigue tu camino.

Esta llave se puede aplicar cuando uno tiene la oportunidad de trabajar como empleado en lo que después quiere desarrollar. Si quieres instalar un restaurante sería ideal que primero trabajes en uno, para que conozcas de adentro el negocio. La ventaja de esto es que otro pagará el precio de tu aprendizaje. Es como aprender a manejar con el automóvil de una escuela de manejo en lugar de hacerlo con el tuyo, si no pasas bien los cambios al principio no será la caja de velocidades de tu coche la que sufrirá las consecuencias. Además, al trabajar por un tiempo en un restaurante, puedes confirmar si verdaderamente ese negocio te conviene, antes de invertir dinero en uno propio.

Comparo esto con los que dejan la ciudad para ir a vivir a un barrio privado. Algunos alquilan primero una casa a modo de prueba. Recién después de un tiempo, si están seguros, venden su departamento en la ciudad y se mudan. En cambio, otros se mudan sin pensarlo, pero luego se arrepienten por la cantidad de viajes, la distancia y otros factores, y tienen que vender la casa y volver a comprar el departamento en la ciudad. De esa manera le dan de comer a inmobiliarias y escribanías.

En los negocios, es conveniente experimentar lo máximo posible antes de concretar. Por eso existen los trabajos a prueba y aun la posibilidad de probar un vehículo antes de comprarlo. Aprovecha las oportunidades de hacer una experiencia previa en el rubro que quieres encarar.

La llave de la imitación ahorra tiempo, tropiezos, dinero, rabietas y frustraciones.

Busca un mentor, alguien que te oriente, que te sirva de ejemplo y de guía, alguien que tenga autoridad en la materia, que tenga éxito en lo que hace. Pégate a él y absorbe todo el conocimiento y la experiencia que puedas; esto te dará una ventaja significativa.

La llave de la imitación ahorra tiempo, tropiezos, dinero, rabietas y frustraciones, porque otros ya lo pasaron. Y por lo general, el que fue pionero en algo está dispuesto a ser mentor, siempre que uno tenga la humildad de dejarse guiar.

Pasos Prácticos

1. Busca modelos exitosos en el rubro que quieres encarar.

2. Busca alguien que te aconseje en el desarrollo y puesta en marcha de tu proyecto.

3. Experimenta en el rubro todo lo posible antes de realizarlo.

Amado Dios, en esta hora reconocemos que no somos autosuficientes y nos disponemos con humildad a imitar a otros que ya recorrieron con éxito el camino que nosotros queremos recorrer. Queremos aprender a ser dóciles a la enseñanza, a no imponer nuestro criterio. Ayúdanos a encontrar mentores que sean ejemplo según tu Palabra, a encontrar lugares apropiados para experimentar antes de concretar nuestro proyecto, y danos la capacidad de ser objetivos y utilizar lo aprendido. Padre, yo bendigo a tu pueblo con dirección sabia para que su camino sea allanado y para que pueda concretar con sabiduría lo que has puesto en su corazón. En el nombre de Cristo Jesús. Amén.

Llave Agenda 6

TODO TIENE SU TIEMPO,
y todo lo que se quiere debajo
del cielo tiene su hora.

Eclesiastés 3.1

Todo tiene su tiempo y su hora. La llave de la agenda es la que determina el tiempo que uno dedicará para desarrollar y poner en marcha el proyecto.

Hay muchos proyectos bien pensados y desarrollados, pero no hay tiempo para llevarlos a cabo. Muchos que quieren estudiar una carrera, quieren ir a trabajar como misioneros o aprender un oficio, pero les falta el tiempo. Todo lleva tiempo y hay que asignarle una hora determinada. Aun cuando el proyecto se desarrolle en los ratos libres, hay que asignarles un tiempo. ¿A cuántos escuchaste decir: 'No tengo tiempo para hacerlo'? Tendrías que haberlo pensado antes, porque si no tienes tiempo para llevarlo adelante, ¿por qué lo elaboraste? Perdiste el tiempo.

Si no estás dispuesto a utilizar esta llave, es muy difícil que algún proyecto se ponga en marcha.

El tiempo que sacrifiques para realizar el proyecto determinará la importancia que tiene para ti.

En otro orden de la vida: cuando tienes que estudiar o cuando deseas progresar, habrá un montón de cosas a las que tendrás que decir que no, aun cosas que son buenas pero que podrían desviarte de la meta.

El tiempo que sacrifiques para realizar el proyecto determinará la importancia que tiene para ti.

Realizaron un festival de jóvenes y adolescentes de mi iglesia. Esa noche llamé al hijo del pastor principal de la iglesia, y le pregunté:

—¿Cómo estuvo el evento de la primavera en Puerto Madero?

—No sé, porque no fui.

—¿Por qué no fuiste?

—Porque tenía que estudiar para el examen de ingreso de la universidad.

—Te felicito —le dije.

Él podría haber pensado: '¿Qué van a decir si el hijo del pastor no va?' Era el día de la primavera, y todos los muchachos y las chicas estaban allí. Pero él tenía que estudiar para el examen de ingreso. Sobre 100 puntos sacó 90, fue uno de los mejores en rendir, y no fue casualidad.

Algunos dicen que la agenda es odiosa. Sin embargo, por lo general, nunca tenemos tiempo para hacer aquellas cosas que no están incorporadas en una agenda.

'Este proyecto es el sueño de mi vida, es la voluntad de Dios para mi vida, pero no tengo tiempo para realizarlo.' Entonces, ¿en qué estás usando tu tiempo? Porque si no usas tu tiempo para aquello que es el sueño de tu vida o la voluntad de Dios para ti, ¿en qué estás usando el tiempo?

Los proyectos no se implementan en forma mágica. Por el contrario, requieren de la agenda. Y si no estás dispuesto a usarla, difícilmente puedas concretarlos.

Para lograr una marca importante y tal vez una medalla de oro, los deportistas entrenan muchas horas, invierten gran cantidad de tiempo. Ocurre lo mismo con los inventores, se dedican durante años a probar una y otra vez hasta que logran su objetivo. Si no le dedicas tiempo a tu proyecto, si no inviertes muchas horas en él, difícilmente lograrás tu sueño. Esto no es mágico, lleva tiempo.

Dicen que Henry Ford desarrolló el Ford 'T' en los tiempos libres, en el garaje de su casa. ¡Es muy notable! Leí en un libro acerca de personas que se hicieron millonarias en su tiempo libre. Bill Hewlett y Dave Packard desarrollaron sus principales inventos en el garaje de la casa, y hoy Hewlett-Packard es la empresa de computación más grande del mundo. Cuando salían del trabajo, iban al garaje y se quedaban hasta la madrugada procesando sus experimentos.

Esta llave de la agenda es para concretar tu proyecto. Úsala y el proyecto se concretará. Yo comparo esta llave con el presupuesto de gastos. De acuerdo con el presupuesto, será el orden de prioridades en tu vida. Si colocaste el diezmo en primer lugar, para ti lo más importante en tu vida será el Señor. Si colocaste en primer lugar el alquiler, eso será lo más importante en tu vida.

Ocurre lo mismo con el tiempo. Algunos dicen: 'Para mí, lo más importante en mi vida es mi familia.' ¿Y cuánto tiempo le dedicas? 'Nada.' 'Es muy importante capacitarse.' ¿Y cuánto tiempo dedicas a tu capacitación? 'Nada, hace veinte años que no leo un libro.'

Lo que está puesto en la agenda es una declaración. Cuando verdaderamente quieres llevar algo adelante, eso tiene que estar debidamente estipulado en la agenda, y debes cumplirlo. Aquello que sea de verdad importante para ti, tiene que estar reflejado en la agenda.

Por lo general, uno se pasa el tiempo atendiendo urgencias. Pero para llevar adelante un proyecto de cierta magnitud, tendrás que dedicar tiempo libre para hacerlo, y tendrás que asignárselo. Tendrás que sacarlo del tiempo libre que te quede, del sábado por la tarde, o de esos ratos que pasas frente al televisor. Porque a menos que le asignes un tiempo, ese proyecto quedará esperando eternamente. No se producirá en forma mágica. Requiere de tu esfuerzo y del tiempo que le destines.

Recuerda siempre que por cada cosa a la que le dices que sí, automáticamente hay otra a la que le dices que no.

En realidad el tiempo es más importante que los otros recursos, dado que es el bien más preciado por ser un bien no renovable. Con el tiempo puedes llegar a tener dinero, pero con el dinero no puede comprar un solo minuto de tiempo.

Lo que no figura en la agenda, no dispone de tiempo; lo que no figura en la agenda, no se concreta nunca. Mira tu agenda y evalúa si refleja tus prioridades. Si no es así implementa con urgencia un ajuste, porque se te pasará la vida sin completar las cosas que estás llamado a concretar.

Con el tiempo puedes llegar a tener dinero, pero con el dinero no puedes comprar un solo minuto de tiempo.

La Palabra de Dios habla de día y de hora. Sé específico en esto, qué día y a qué hora vas a dedicarte a concretar tu proyecto. Sujétate a tu agenda, no te engañes a ti mismo. Ante las interferencias ejercítate en honrar el compromiso que has asumido contigo mismo, cuando asignaste tiempo concreto a tu proyecto.

La mayor sabiduría en la vida radica en aceptar a Cristo como Señor y Salvador y en utilizar nuestro tiempo y nuestros recursos conforme a nuestro propósito y misión en la vida. No olvides que el tiempo es un bien no renovable, utilízalo de la manera más sabia posible.

Pasos Prácticos

1. Asigna el tiempo que dedicarás al proyecto de forma específica, día y hora.

2. Ejercítate en establecer prioridades en todas las áreas de tu vida.

3. Sujétate a la agenda que estableciste y no improvises. Planifica siempre tu vida con antelación.

Gracias, Señor, por este principio que nos das a través de tu Palabra, de que cada cosa en la vida necesita su tiempo y para que esto se haga realidad hay que asignarle una hora.
Hoy renunciamos a la desorganización en nuestra vida, y nos comprometemos a pagar el precio de ordenar nuestro tiempo conforme tu voluntad.
Somos conscientes de que para decirle sí a nuestro proyecto tendremos que decir no a otras cosas.
Nos disponemos a pagar ese precio con alegría y tenacidad, para que nuestra vida no sea en vano sino que lleve mucho fruto para tu gloria.
Ayúdanos a evaluar nuestra agenda y a hacer los ajustes necesarios para ser cada vez más sabios en la administración de nuestro tiempo.
Yo bendigo a tu pueblo con una utilización adecuada de su tiempo, en el nombre de Jesús.
Amén.

Llave 7
Filtrado

TODO ME ES LÍCITO,
pero no todo conviene;
todo me es lícito,
pero no todo edifica.

1 Corintios 10.23

Esta es la llave del filtrado. Presta atención a lo que dice san Pablo, porque esta llave no solo sirve para un proyecto sino también para la administración del dinero. En realidad, esta llave sirve para todo.

La Palabra de Dios es clara, ¿verdad? Todo me es lícito, pero no todo me conviene ni me edifica. La clave es la focalización hacia lo que uno tiene que hacer para concretar el proyecto. Esta llave es fundamental para que el proyecto se lleve adelante y se concrete.

Hoy en día existe una tendencia cada vez mayor a tener actividades. Sin embargo, los que logran cosas y prosperan son los que se focalizan. El doctor John Maxwell, que es de tanta bendición para el pueblo de Dios, se dedica a enseñar liderazgo y no hay quien lo saque de allí. Es uno de los mejores maestros del liderazgo en el mundo entero. Vivimos en una época de activismo tremendo. Estamos todo el día ocupados, de aquí para allá, con una carga horaria impresionante, con muchísimo trabajo. Pero en realidad no siempre esas actividades contribuyen con nuestro proyecto.

Hacemos un montón de cosas, pero, si las pasáramos por la llave del filtrado, podríamos preguntarnos: 'Esto que estoy haciendo, ¿es el llamado de Dios para mi vida? ¿Es parte de mi ministerio? ¿Para qué me enganché en esto? ¿Qué hago acá?' Algunas personas se hacen estas preguntas pero al final hace diez años que siguen 'acá'. 'No sé por qué acepté este cargo. Sonaba lindo, pero ahora no sé muy bien para que estoy acá.'

> Esto que estoy haciendo, ¿es el llamado de Dios para mi vida?

Por más lícito que sea algo, si no edifica, si no te ayuda a construir tu proyecto: deséchalo. Antes de aceptar, es conveniente que lo pases por el filtrado, para comprobar si tiene que ver con tu proyecto de vida o no. No hay nada más improductivo que una existencia llena de ocupaciones que no están alineadas con nuestro proyecto.

¡Cuidado! Muchas veces creemos que el hecho de estar muy ocupados indica que andamos bien, que estamos creciendo, estamos concretando. ¿Será? En este sentido, hay que ser muy selectivo. A veces, con tal de participar en esa actividad, hacemos que coincida de cualquier forma. Eso te quita energía y tiempo para aquello que sí tienes que hacer, que coincide con tu proyecto, con tu visión, pero no lo estás haciendo. Sé firme. No te dejes arrastrar por el activismo de los demás.

Entre la presión de los demás y tu proyecto, escoge tu proyecto. Te dirán: 'Ocúpate de esto. Eres necesario en este lugar, eres la persona indicada.' Todo suena bárbaro, pero cuando lo pones en el filtro, no pasa. Para esto, hay que tener bien en claro cuál es nuestro proyecto. Es probable que hayamos tenido éxito en esa actividad a la cual nos invitan, pero eso no significa que la voluntad de Dios sea que tenemos que seguir en esa área. Cuando te va mal, es fácil filtrar; pero cuando te va bien, no lo es tanto.

A mí me pasó cuando era presidente de la Confederación Bautista Evangélica Argentina. Acepté ser el presidente por dos años, porque entendía que Dios me usaría y además era nuestro aporte como iglesia. Pude desarrollar algunas tareas importantes en esos dos años y fue una bendición para mi vida y una bendición para la obra. Pude ordenar y dinamizar ese organismo que es un instrumento legal tan precioso, pero luego entendí como de parte de Dios que los próximos cuatro años que me quedaban de mandato, tenía que quedarme como un vocal en la junta administrativa.

Hubo presiones de todo tipo, porque gracias a Dios la administración había sido buena. Algunos me decían: '¿Ahora que ordenaste todo te vas? Es el momento de disfrutar de lo logrado.' Sin embargo, yo entendía que había llegado allí para poner orden, pero ahora tenía que seguir otro. Entonces comenzaron a bajar la propuesta: 'Quédate como vicepresidente, como secretario, tesorero. Está bien, quédate como vocal.'

Probablemente Dios te usa en un ministerio y eres exitoso. Entonces crees que tienes que quedarte porque Dios te usó. Pero fue por ese tiempo, y no hay nada peor que estar fuera de tiempo. Un ejemplo evidente es el caso de los boxeadores. Un boxeador es extraordinario, pero en lugar de retirarse decide continuar con los combates y finalmente termina con un hematoma en el cerebro. Si se hubiera retirado a tiempo, lo hacía en plena gloria.

Por eso en tu oración debes pedir que estés siempre en el tiempo de Dios. Yo digo que en cualquier tarea en la que Dios me ponga no quiero irme ni un minuto antes ni uno después. Hay un tiempo para cada cosa en la vida, dice la Palabra de Dios. Yo sentí que tenía que irme de la Confederación, y me fui. A pesar de que me alabaron y hasta quisieron que sintiera culpa de irme. 'Si te vas se vendrá todo abajo, serás responsable de este descalabro.'

No, lo puse en el filtro y no pasaba, no iba. Ese había sido el tiempo y ya se había cumplido.

Los que concretan sus metas están ejercitados en decir que no a lo que no edifica a su proyecto.

Esto se aplica en cualquier orden de la vida, aunque la presión sea mucha. Debes tener convicción de lo que Dios te pide. Tal vez tengas la capacidad para hacer lo que otros te piden, pero si Dios no quiere que lo hagas, tienes que ser firme. Los que concretan sus metas están ejercitados en decir que no a lo que no edifica a su proyecto. No les tiembla la mano para decir que no. No sienten culpa, ni remordimiento, ni falso orgullo. Dicen 'no'. Y porque saben decir que no, se focalizan. Están en aquello que tienen que estar.

No te distraigas. Concéntrate en lo que tienes que hacer y usa la poderosa llave del filtrado.

Leí hace poco algo muy interesante: debemos escribir nuestra declaración de propósitos. '¿Para qué estoy en la vida?' Uno tiene que leer todos los días su declaración para recordarla. Para saber cuál es el mapa de ruta y, cuando vengan a ofrecernos algo nuevo, tenemos que consultar la declaración y ver si coincide con nuestros propósitos.

Si tienes un negocio de venta de ventiladores, y te proponen que agregues brochas y plumeros en tu negocio, debes responder: 'No. Mi especialidad son los ventiladores, y seré el número uno en la zona. Tendré los mejores precios y las mejores marcas.'

No debes dispersarte. Hoy es tiempo de evitar la dispersión.

A veces me invitan y me dicen: '¿Por qué no trae una palabra para los matrimonios sobre tal o cual tema?' Yo puedo ir a llevar esa palabra, porque el que la da es Dios, pero hay otros que pueden hacerlo mejor que yo. Lo que entiendo es que Dios me está llamando a ministrar en el área de finanzas, específicamente. Si me invitan a ministrar liberación, puedo hacerlo, pero seguramente hay otros siervos a los que Dios ha llamado a ese ministerio, y lo harán mejor que yo.

Por supuesto, cuando uno hace la tarea pastoral puede atender consejería matrimonial. En nuestra congregación yo caso, oficio en funerales, hago de todo, pero cuando tengo que ir a ministrar a otra iglesia, el llamado de Dios para mi vida es el de enseñar sobre finanzas y negocios, y por más seductora que parezca una propuesta a predicar entre hombres de negocios y profesionales, si lo que van a tratar no se refiere a las finanzas, no voy. Porque estoy focalizado. Dios me ha llamado en este tiempo a predicar la Palabra del Señor para que el pueblo de Dios viva en abundancia conforme a su Palabra.

'Quisiéramos que nos hablaras sobre los ángeles...' No, que vaya otro. No estoy en ese tema. Si me invitan a ministrar sobre finanzas, acepto, porque entiendo que, en mi limitada capacidad, Dios me ha llamado a esto.

Antes de hacer o participar de algo, pásalo por el filtro, para ver si tiene que ver o no con tus proyectos.

Tienes que escribir cual es el propósito de Dios para tu vida y pegar ese papel en el escritorio o en el refrigerador, y cuando te pregunten si puedes hacer algo, responde conforme a tu proyecto.

—Yo estoy llamado a enseñar finanzas al pueblo de Dios y resulta que me ofreces la presidencia de no sé que cosa. No tiene nada que ver con mi proyecto. ¡No pasa el filtro!

—Pero mira que es una buena oferta.

—Yo no digo que sea mala, lo que digo es que no es para mi vida.

Tienes que filtrar, tanto en tus proyectos como en tu economía.

—Esto que quiere venderme, ¿nos ayuda a comprarnos la casa?

—No.

—Entonces, no lo quiero, porque en este momento nuestro objetivo es comprarnos la casa.

—Pero mira que cuela, ralla, licua y bate.

—Sí, pero no nos ayuda a comprar la casa.

No hay nada más improductivo que una vida llena de ocupaciones que no están alineadas con nuestros proyectos.

¿Tienes el don y el propósito de ministrar en evangelismo? Entonces no te enganches en otros ministerios. Dedícate a evangelizar. ¿Tu llamado es ser misionero en el África? No vayas a otro lado. Concéntrate en África. De esa manera podrás concretar tu proyecto. Los que han logrado concretar sus proyectos, han sido tenaces. A veces, hasta parecen autistas. Se concentran en una cosa y no salen de allí. Como dijo Edison: 'Hoy festejo el intento número mil de lograr una lamparita de luz.' ¿Por qué no tratas de inventar una manguera? 'No, quiero intentar otra vez con la lamparita.'

No te dejes arrastrar por el activismo de los demás. Sé firme. Entre la presión de los demás y tus proyectos, escoge tu proyecto. Cuando Dios te vaya levantando, más te sentirás tironeado por todos lados. Tienes que escoger de acuerdo con tu proyecto.

Ya tengo 41 años. Siempre tuve la costumbre de filtrar las cosas, pero cuando cumplí 40 reforcé el filtro. Dios me dará la cantidad de años que él quiera, pero yo interpreto que comenzó la segunda parte de mi vida. Así que, si en la primera etapa de la vida era cuidadoso con el tiempo, en la segunda tengo que serlo mucho más. Le comentaba a un pastor que tengo más de treinta invitaciones para este año en diferentes iglesias, y si llego a aceptar todas esas invitaciones, me echarán de la mía... o cuando regrese ya no me reconocerán. Tendré que filtrar algunas de ellas, y daré prioridad a iglesias donde no fui nunca. Tengo que focalizarme, porque si digo sí a todas las invitaciones me quedaré sin iglesia, sin familia, sin salud y sin vida.

El hecho de que una actividad sea lícita no significa que tengamos que realizarla, recuerda que hay cosas lícitas pero que no edifican tu proyecto.

Prepárate para saber decir que no. No podemos agradar a todos, por eso hay que agradar a Dios haciendo lo que él nos mandó a hacer.

No te engañes haciendo que todo coincida de alguna manera con tu proyecto para no tener que decir que no. Eso no te dará buen resultado en la concreción de tu proyecto y en definitiva serás tú quien pague las consecuencias.

Utiliza esta llave del filtrado para tu economía y para tu tiempo, y comprobarás que comienzas a crecer y a concretar cosas.

Pasos Prácticos

1. Escribe tu declaración de propósito de una manera específica y concreta.

2. Antes de aceptar una tarea, lee tu declaración de propósito y comprueba si concuerda con lo que vas a realizar.

3. Ejercítate en decir no, para poder decir sí a lo que sea verdaderamente productivo para concretar tu proyecto.

Gracias, Señor, por la sinceridad de tu Palabra en cuanto a que las cosas lícitas no siempre edifican. Ahora nos disponemos a filtrar toda propuesta que recibamos, y seremos estrictos en esto. Nos proponemos ser sabios en aquello que aceptamos, para dejar de estar tan ocupados en tantas actividades que no edifican nuestro proyecto. Renunciamos al activismo y nos disponemos a trabajar en lo que corresponda conforme a tu voluntad.
Yo bendigo a tu pueblo con discernimiento y firmeza para aceptar lo que los edifica y rechazar lo que los distrae del proyecto que has puesto en su corazón, en tu Santo Nombre. Amén.

Llave
Orden
8

1.
2.
3.

EL QUE OFRECE SACRIFICIOS
de alabanza me honrará,
y al que ordene su camino,
le mostraré la salvación de Dios.

Salmo 50.23

¿Quién recibirá la salvación de Dios? El que ordene su camino.

La llave del orden es fundamental para el uso de nuestro tiempo y de nuestro esfuerzo. Si quieres ser bendecido por Dios, tienes que ordenar tus pasos. Porque Dios envía bendición en el terreno afectivo, en el laboral, en el familiar, pero la bendición se pierde por falta de orden.

La mayoría de los que concretan un proyecto no desarrollan más de uno a la vez. Tal vez tengas diez proyectos y todos sean de parte de Dios, pero tienes que comenzar con uno. Tienes que decirle al Señor: 'Quiero ordenar mis pasos para que bendigas mi vida. De los diez proyectos que tengo, ¿con cuál debo comenzar?' Esto no impide que tengas otros proyectos, pero a la hora de poner manos a la obra, escoge uno y pon todo

Si quieres ser bendecido por Dios, tienes que ordenar tus pasos.

tu esfuerzo y empeño en ese. Los restantes deberán esperar a que termines el que está en marcha.

Hay quienes pueden desarrollar más de un proyecto a la vez, pero es muy difícil, a menos que los proyectos sean compatibles y se complementen.

Algunas personas estudian más de una carrera a la vez. Y lo hacen sanamente. (Porque conozco algunos que estudiaron más de una carrera a la vez pero tomando pastillas, y terminaron fusilados). Lo ideal es decir: 'Bueno, voy a concentrarme en esto y no me detendré hasta que lo haya concretado.' Para la mayoría, con un proyecto es suficiente, sobre todo si el proyecto es ambicioso.

Por lo general, los que comienzan varios proyectos a la vez no terminan ninguno.

La llave del orden traerá bendición a tu vida porque Dios es un Dios de orden. Dice la Palabra de Dios: 'Hágase todo decentemente y con orden.' Tal vez compraste una casa, por ejemplo. La pagaste, pero si no tienes la escritura a tu nombre, te será difícil disponer de ella o demostrar que es tuya. Completa la tarea.

Por lo general, los que comienzan varios proyectos a la vez no terminan ninguno. Conozco a personas que tienen seis o siete cosas comenzadas. Dispersan semillas por todos lados pero no cosechan nada.

Algunos hermanos hacen de todo en la iglesia. Yo fui llamado por Dios al ministerio de las finanzas cuando tenía trece años. Y desde esa edad, hasta ahora, que tengo 41, vengo desarrollándome en esa tarea. También hice otras actividades, por supuesto, pero mi llamado indudablemente fue a enseñar sobre finanzas. Después Dios agregó el don de pastor, el de maestro, pero todo focalizado en el mismo rumbo. Por eso, el orden también sirve para ordenar tus pasos en el camino.

Algunos son llamados para hacer varias cosas, pero la mayoría de los que intentan abarcar varios proyectos siempre está comenzando. Por ejemplo, están en evangelismo, tocan la guitarra, enseñan a los niños... pero luego terminan no haciendo nada, porque son mediocres en evangelismo, mediocres tocando la guitarra, mediocres enseñando a los niños. Son mediocres porque hacen todo a medias.

Ocurre muchas veces que uno comienza varios proyectos por las dudas alguno se frustre. Es un mal comienzo, porque significa que la expectativa real es: 'No creo que este proyecto funcione bien.' Cuando tienes un solo proyecto, pones todo tu empeño en ese. Si quieres ser verdaderamente productivo, es necesario que te ordenes.

> Ordénate primero mentalmente, y después en las tareas de cada día.

Ordénate primero mentalmente, y después en las tareas de cada día. Organiza tu jornada de trabajo para que el tiempo te rinda. Yo organizo cada día y le asigno un tiempo a cada cosa que tengo que hacer y, al menos que suceda algo imprevisto, me sujeto a mi agenda y a los tiempos que están estipulados. Hasta tengo un tiempo que dedico cada día para mirar televisión, un noticiero o cualquier otro programa. Evalúa en qué estás ocupando tu tiempo y asígnale un tiempo a cada cosa. Un personaje famoso de la historia argentina dijo: 'La organización vence al tiempo.'

Siempre comparto la anécdota de un compañero que tenía que presentarse a una entrevista de una multinacional importante. Como venía recomendado, el presidente de la empresa llamó a la secretaria y dijo que le concedía la entrevista para dentro de seis meses. Lo atenderían el 14 de agosto a las 10:45. Un mes antes lo llamaron, y él pensó que se suspendía la entrevista. 'No,' le dijeron, 'lo llamamos para comunicarle que en lugar de ser a las 10:45, será a las 10:50; y le recordamos que tiene cinco minutos de entrevista.'

Ese día, entró a la oficina del gerente a las 10:50, y a las 10:55 en punto, la secretaria abrió la puerta para decir que ya había pasado el tiempo de la entrevista. Ese gerente sí que era productivo. Le hizo tres preguntas, luego le preguntó si tenía algo que agregar, y punto.

Nosotros comenzamos la entrevista con alguien y lo primero que hacemos es pedir dos cafés. Pasó media hora y todavía no comenzamos a hablar del tema. No digo que tengamos que irnos al extremo de aquel gerente de la multinacional, pero tampoco queremos perder nuestro tiempo valioso y el de nuestro interlocutor.

Ordenarse significa planificar. A cualquier cosa que surja, a menos que sea una urgencia, debemos decir: 'No, ya tengo ocupado el día, no puedo encarar otra tarea.' La llave del orden es poderosa para la realización de tu proyecto.

Ordenarse también significa tener nuestro entorno ordenado, desde la oficina o lugar de trabajo hasta nuestra propia casa.

El desorden produce confusión y un sentido de falta de control sobre nuestra vida y nuestro ámbito. Cuando trabajes en algo, despeja tu escritorio de cualquier otra cosa que pueda distraerte. Si estás trabajando en tu proyecto, vacía el escritorio de todas las cosas que no tengan que ver con tu proyecto. De otra manera, cada vez que levantes la vista verás algo pendiente de hacer que te desconcentrará. Tira todos los papeles que no sirven. No guardes cosas que no utilizarás nunca. Organiza tu propio sistema de archivo para buscar las cosas y encontrarlas de inmediato. Una vez cumplida una etapa del desarrollo de tu proyecto, pásala en limpio, contrólala y deshazte del borrador. Así tendrás sensación de avance, y no de desborde.

El desorden produce confusión y un sentido de falta de control.

El orden, o el desorden, son un estilo de vida. Obviamente, el primero mejorará tu calidad de vida y te permitirá concretar más cosas.

Ser ordenado hablará mejor de ti, y a la hora de compartir tu proyecto con otros, te tomarán con mayor seriedad y confianza.

Llevar una vida ordenada requiere de un esfuerzo inicial, pero después allana el camino y permite desarrollarnos más y mejor.

Aplica la llave del orden y estarás en condiciones de acceder a un nuevo nivel de excelencia y realización.

Disfrutarás de una vida, de un ministerio y de un trabajo ordenado. Ya no podrás concebir otro estilo de vida, y cada vez te volverás más eficiente en la aplicación de esta llave.

Pasos Prácticos

1. Ordena tu mente para saber con claridad lo que deseas lograr.

2. Ordena tu casa y tu ámbito profesional para darle oxígeno a tu vida y ser más eficiente.

3. Haz del orden tu estilo de vida para poder concretar más metas, para dar una mejor imagen, tener mayor control y disfrutar de todo.

Padre, en el nombre de Jesús, te pido que cada uno de nosotros pueda ordenar más y mejor su andar, para disfrutar la bendición de una vida ordenada. Ahora pido para que los que son débiles en este aspecto, se fortalezcan y comiencen a ordenar cada área de su vida, que puedan crecer en lo que hacen ahora y quieran hacer en el futuro.
Señor, reconocemos que eres un Dios de orden y que el orden es fundamental en la vida de tus hijos. Nos disponemos a pagar el precio de ordenar nuestro camino para que el proyecto que tenemos se concrete cuanto antes, conforme a tu voluntad. Yo bendigo a tu pueblo con orden en cada área de su vida y declaro que esto será una fortaleza en ellos y que disfrutarán de los beneficios que una vida ordenada produce. En el nombre de Jesús. Amén.

Llave 9
Recompensa

¿QUÉ HARÁN AL HOMBRE
que venza a este filisteo
y quite el oprobio de Israel?

1 Samuel 17.26

Esta fue la pregunta de David. Antes de jugarse el pellejo frente a Goliat, David quería saber por qué lo haría. Quizás el que venciera al filisteo se casaría con la hija del rey, que al parecer era bastante linda. David se interesó por la recompensa. Inteligente, ¿no? Goliat medía como tres metros. Antes de poner todo este esfuerzo, todo este empeño, David preguntó cuál era la recompensa. Esto es interesante.

Saber cuál es la recompensa es fundamental para determinar el rédito de un proyecto, ya sea un rédito material, espiritual, familiar o personal. Uno debe tener bien en claro cuáles son los beneficios que recibirá al concretar el proyecto.

A veces te ofrecen una gerencia, y resulta que el vendedor cobra más comisiones y gana más que el gerente. El gerente está enloquecido, manejando a treinta vendedores, mientras que el vendedor anda libre por la calle, respondiendo solo por él.

—¿Te interesa el puesto de gerente?

—Está bien, ¿cuánto me pagarán?
—Bueno, ganarás lo mismo que ahora, tal vez un poco menos.
—No, te regalo el puesto de gerente, no me interesa.

Según de qué se trate, puedes analizar también una recompensa espiritual o una recompensa familiar.

—Si hacemos todo este esfuerzo con la familia, ¿qué ganaremos?
—Nada, vamos a estar igual.
—Entonces no lo hagamos.

¿Cuál es la recompensa de pagar este costo?

¿Qué gano si me mudo a un barrio privado? Si voy a tener que viajar cien kilómetros por día, mejor no me mudo. Conozco a una persona que se mudó a un barrio privado para poder ver a los pajaritos. Pero resulta que sale a las cinco de la mañana todos los días, y vuelve a las diez de la noche. Entonces para ver pajaritos tiene que conseguir una fotografía.

¿Cuál es la recompensa de pagar este costo? Uno tiene que pensar en esas cosas. La llave de la recompensa es clave para determinar el rédito del proyecto. ¿Qué ganaré? En dinero, en antecedentes o en experiencia. Participar de la clínica pastoral me capacita, hacer una brigada de evangelismo me da una experiencia que no tengo. Frente a cada propuesta, debo preguntarme: ¿En qué enriquece mi vida este proyecto?

Siempre encaro este tema con aquellos que tienen micro emprendimientos. ¿Está dándote réditos? Tienes que pensarlo. No te engañes ni engañes a los demás.

No te engañes ni engañes a los demás.

Hay gente que se va a vivir al exterior porque acá no tiene posibilidades laborales, y resulta que en el exterior lava coches por 2 pesos con 50. ¡Es una cosa de locos! ¿Ésa era la recompensa? Eres ingeniero, y te fuiste a Australia porque no conseguías trabajo como ingeniero aquí, en Argentina, pero ocurre que ahora, que estás allá, te la pasas lavando copas... ¡Te hubieras quedado a lavar copas acá!

Recuerdo que muchos comenzaron a irse a España o a otros países, durante la crisis del 2001 en Argentina. Parece que a todos les había agarrado una 'unción misionera', porque los que se iban decían que tenían un 'llamado misionero a España y a Italia'. Hasta que un día nos cansamos y dijimos: '¡Dejen de mentir! Ustedes se van a España porque allá pagan en euros. No digan que van con un llamado misionero, no espiritualicen las cosas.'

En su vida no le habían predicado ni al perro. 'Me voy de misionero a España.' 'No hermano, te vas a España a ganar dinero; acá estás en la miseria, y allá te ofrecieron un buen trabajo. Pero no me vengas a decir que vas con un llamado misionero, y para colmo quieres que oremos por ti, que te regalemos un ramo de flores.' Uno tiene que tener las cosas bien claras.

No está mal que te vayas a España porque ahí puedes desarrollarte mejor o ganar más dinero. Pero tienes que ir con la bendición de Dios, porque podrías terminar siendo un infeliz con dinero, por no estar en el lugar donde Dios te necesitaba.

Tienes que tener bien en claro qué rédito quieres recibir.

'Esto lo hago por mi familia.' Así decía yo cuando le compraba a mi nene de seis meses un auto eléctrico. Era para mí. Como no lo tuve de chico, me lo compraba para mí. Pero hay que ser honesto. Cómprate el auto y regálale un sonajero al nene.

Tienes que tener bien en claro qué rédito quieres recibir. Por ejemplo: cuando yo tuve que hacer un cambio muy importante en mi trabajo, y me fui de la empresa en la que estaba, pasé a otra, ¿sabes por qué hice el cambio? Porque en la otra empresa me pagaban el doble. En ese momento buscaba un rédito económico, quería ganar el doble de lo que ganaba; entonces, cuando comencé a buscar trabajo, busqué uno en el que me pagaran el doble. No buscaría otro empleo por el mismo sueldo, porque para eso me quedaba en la empresa en la que trabajaba, donde estaba cómodo y bien conceptuado. Si me preguntabas cuál había sido la motivación para cambiar de trabajo, mi respuesta era: 'Económica.' Era una respuesta clara.

Es posible distorsionar este asunto del rédito. Si tu proyecto es ganar dinero, tienes que tener en claro cuánto quieres ganar. Si tu proyecto es evangelizar, el rédito deberá ser la cantidad de personas convertidas. Si tu proyecto es montar un negocio para ganar dinero, no lo disfraces de otra manera. Si no da dinero, hay que cerrarlo. Si tu negocio está puesto para predicar el evangelio, podrás testificar, pero tal vez no ganes dinero. Pero no te engañes y sigas adelante con un negocio que era para ganar dinero, pero no da nada, con la excusa de que puedes testificar.

Si tu proyecto es mejorar tu familia, el proyecto tiene que bendecir a los tuyos. Algunos dicen: 'Cambié de trabajo para estar más tiempo con mi familia, porque este trabajo me ocupa seis horas en lugar de nueve.' Y resulta que ahora trabajan seis horas, pero las otras tres se van por ahí y no están con la familia.

Me han dicho muchas veces: 'Pastor, sería bueno que nos mudáramos a un barrio privado, para abrir una célula allí.' No solo no abren la célula, algunos no vuelven más a la iglesia.

Algunas personas no especifican aquello que esperan lograr con un proyecto. Aunque lo logren, no saben si se cumplieron las expectativas, porque no las habían definido claramente.

En las empresas serias, bajan una orden y dicen: 'Este es el resultado que esperamos.' 'Con este negocio, espero ganar dos mil pesos por mes.' 'Espero evangelizar veinte personas por mes, durante el año.' Para que pueda ser evaluado, el objetivo debe estar expresado con claridad. Las mediciones deben hacerse periódicamente. Si tengo que recibirme de médico en seis años y cursar seis materias por año, además de la medición general de los seis años, tengo que hacer una medición anual. No puedo esperar seis años para evaluar. Este año, ¿alcancé o no el objetivo? ¿Recibí la recompensa que esperaba recibir?

No hay nada peor que llegar al último escalón para darse cuenta que la escalera está apoyada en la pared equivocada.

El deportista tiene el objetivo de salir campeón. En un micro emprendimiento, el objetivo es trabajar pero también ganar. Esto hay que tenerlo bien en claro: ¿cuál es la recompensa que obtendré? La llave de la recompensa es la que determina el premio que vamos a recibir cuando concretemos nuestro proyecto.

David fue sabio. '¿Qué gano por pelear con el grandote este?' Si le hubieran dicho: 'Un paquete de garrapiñada', hubiera respondido que no. En cambio, le dijeron que se casaría con la hija del rey. Entonces sí, sacó la honda. Costo/beneficio. ¿Cuánto mide el gigante? Tres metros, ¿y la hija del rey?, sí, es linda. Vale la pena. Ya no lo veo tan grandote.

Necesitamos claridad en cuanto a la recompensa que esperamos, para ser honestos.

Como decía en los primeros capítulos: no hay nada peor que llegar al último escalón para darse cuenta de que la escalera está apoyada en la pared equivocada. Necesitamos tener bien en claro cuál es la recompensa que esperamos recibir. ¿Qué espero con este proyecto? Debo saberlo, para no llevarme sorpresas.

Pasos Prácticos

1. Define claramente qué esperas recibir al concretar tu proyecto.

2. Expresa con sinceridad cuál es la motivación para realizar tu proyecto.

3. Mientras estés ejecutando tu proyecto, monitorea tu motivación y comprueba si estás recibiendo lo que esperabas.

Gracias, Señor, por el ejemplo de sabiduría que nos da tu Palabra a través de tu siervo David, cuando preguntó por su recompensa.
Líbranos de hacer cosas sin sentido, sin saber por qué y para qué las hacemos. Líbranos de no tener bien en claro nuestras motivaciones.
Danos un sentido de claridad en cuanto a lo que queremos recibir y al porqué, para que nuestro esfuerzo no sea en vano.
Yo bendigo a tu pueblo con claridad, para que tenga presente lo que espera recibir a cambio de concretar su proyecto. También los bendigo con sinceridad en sus motivaciones. En el nombre de Cristo Jesús. Amén.

Llave 10
Posibilidades financieras

Y AL HALLAR UNA PERLA PRECIOSA,
fue y vendió todo lo que tenía
y la compró.

Mateo 13.46

Todo proyecto tiene una pata financiera.

Este pasaje habla acerca de un mercader a quien Jesús compara con el reino de Dios. Un mercader que encontró una piedra preciosa y vendió todo para comprarla.

Sacrificio.

Todo proyecto tiene un costo financiero, ya sea instalar un negocio, estudiar una carrera, salir como misionero, etc. A menos que sea un proyecto que no necesite ningún tipo de recursos...

Esto es verdad aunque ese proyecto no tenga como meta ganar dinero. El hecho de llevar el proyecto adelante necesita un apoyo financiero.

Muchas veces subestimamos este aspecto y eso lleva a que el proyecto no se concrete nunca. Conozco a algunos que desean ir como misioneros al África, pero hace como treinta años están juntando para el pasaje. En realidad no juntan nada, y no van al África: siguen en Argentina.

Algunos quieren comprarse la casa o quieren poner un negocio, pero subestiman el tema económico o no le prestan atención, y por eso el proyecto no se concreta nunca, porque no está el dinero para llevarlo adelante.

Si no tenemos en cuenta el aspecto financiero, es probable que el proyecto no se concrete nunca.

Hay proyectos que ya están confirmados por Dios, muchos proyectos dando vueltas, pero pocos recursos para concretarlos.

Tal vez digas: 'En este proyecto no tengo que invertir un solo peso.' Pero tienes que invertir tiempo. Y ese tiempo que inviertes, es tiempo en el que dejas de producir y de hacer otra actividad.

Evangelizar por televisión requiere pagar el espacio televisivo. Hay que pagar los viáticos, los CD, las horas de grabación.

Salir como misionero necesita apoyo para pagar el viaje, los libros, el estudiar, la capacitación, etc.

Poner en marcha un negocio, estudiar una carrera, salir como misionero: todo tiene un aspecto financiero que cubrir. Si no tenemos en cuenta el aspecto financiero, es probable que el proyecto no se concrete nunca.

He tenido oportunidad de atender a personas que vienen con un proyecto, con la carpeta bien armada. Pero cuando les pregunto cómo se financia, no saben qué responder. ¿Cómo llegarás a ese lugar, como vas a alquilar ese local y pagar el depósito de la inmobiliaria? Silencio de radio. Pensaron en todo, menos en este aspecto. Como si el dinero fuera lo de menos. Sí, hasta que hay que ponerlo. No es lo más importante, pero tampoco es lo de menos. Grandes proyectos se frustran por la falta de pequeñas sumas de dinero. Por pequeña que sea la suma, si no está disponible a la hora de concretar el proyecto, este no puede llevarse adelante.

Hay muchos proyectos dando vueltas, pero pocos recursos para concretarlos. En esto los evangélicos somos especialistas. Visito algunas iglesias que me cuentan sus proyectos. Algunos, realmente importantes. ¿Cuánto hay en caja? Nada. ¿Y cómo piensan llevarlos a cabo? Por lo general hay detrás un pensamiento mágico. Disponer de esos recursos muchas veces significa hacer sacrificios.

Generar recursos significa hacer sacrificios, implica ahorrar y trabajar en cosas que no nos gustan.

El mercader vendió todo lo que tenía y compró la perla. Esto significó un sacrificio. Muchos quieren hacer la tortilla sin romper los huevos (sobre todo en el pueblo evangélico). No se puede. Quieren aprobar sin estudiar, comprar la casa sin ahorrar, conseguir el trabajo sin levantarse a las seis de la mañana. La lista es larguísima. 'Me gustaría tener hijos preciosos', pero no les dedican tiempo. 'Que mi matrimonio sea excelente', pero la última vez que le dio un beso a la mujer fue hace cinco años. Muchos quieren cosechar lo que no se sembraron. El mercader vendió todo. Se esforzó.

Generar recursos significa hacer sacrificios, implica ahorrar y trabajar en cosas que no nos gustan. 'Hago este trabajo porque me pagan bien, o esta changa porque con el dinero extra puedo pagar la facultad. En realidad no me gusta trabajar tantas horas por día, no es mi vocación, pero como tengo en mente mi proyecto, hago el sacrificio.'

Para trabajar en lo que más nos gusta, muchas veces tenemos que trabajar primero en lo que no nos gusta. Por esa razón, algunos antes de poner un restaurante, empezaron lavando copas, y mientras lavaban las copas observaban todo el movimiento, cuánto compraban, cuánto vendían, cómo se manejaba a los mozos, y así fueron capacitándose. Entonces, cuando lograron juntar algunos ahorros y poner el restaurante, ya estaban capacitados para hacerlo.

En el ministerio también tenemos que hacer cosas que no nos gustan; por ejemplo, a mí no me gusta oficiar en entierros, pero tengo que hacerlo. Ocurre lo mismo cuando hay que atender endemoniados: no es agradable hacerlo, pero es una parte del ministerio de la iglesia. También hay que atender al alcohólico, al que viene golpeado. Estas tareas forman parte del ministerio de la iglesia. Pero para realizar estas tareas hay que madurar. El ministerio es integral y abarca situaciones que te gustan y también a otras que son desagradables.

El que quiere concretar un proyecto debe estar dispuesto a pagar el precio. Precio de esfuerzo, de sacrificar disfrute. Mientras otros están jugando al fútbol, tendrás que estar estudiando. Tendrás que optar: 'Estoy dispuesto a no ir de vacaciones por cuatro años para juntar la plata y pagarme los estudios.' Yo sé que esto no es muy popular ahora, pero antes se hacía así. La gente se iba de vacaciones a Mar del Plata luego de trabajar treinta años y de haberse hecho la casa. 'Pero eso es un extremo', dirás. Ahora también es un extremo. Basta que haya un fin de semana largo y se escapan todos. La mayoría de los que se escapan tienen goteras en el techo, los chicos no tienen zapatillas, pero 'hay que irse'. ¡Cuidado! Porque nos fuimos de un extremo al otro. Hay que buscar un equilibrio. Ni trabajar toda la vida sin disfrutar, ni tampoco estar disfrutando sin hacer los sacrificios.

El que quiera concretar un proyecto, tendrá que sacrificarse.

El que quiera concretar un proyecto, tendrá que sacrificarse. Hay personas que deciden concretar el proyecto de estudiar a los cuarenta años; y a pesar de trabajar ocho o diez horas, estudian y se sacrifican. No ven la tele ni siquiera apagada. No saben ni quién es el presidente. Están 'en otra', están pagando el precio.

Por lo general la gente no contempla la cuestión de conseguir los recursos, y pierde el tiempo haciendo proyectos que no podrán llevarse a cabo. ¿Hay posibilidades financieras para realizar ese proyecto? Porque si el dinero no está disponible, mejor no perder el tiempo haciendo el proyecto.

Si mi proyecto es edificar una torre de departamentos lujosos en un barrio de escasos recursos, como por ejemplo Villa Piolín, lo más probable es que ningún inversor ponga dinero para construir en ese lugar. No es viable. Te dirán: 'Si es una zona comercial y céntrica como Puerto Madero, podría ser; pero en Villa Piolín, no.'

A veces proyectamos determinados negocios y después nos damos cuenta de que no hay mercado.

'Necesito un crédito para poner un kiosco.' ¿Dónde? 'En esa esquina.' Pero resulta que en las otras tres esquinas ya hay kioscos. Entonces, el que tiene que invertir te pregunta: '¿Otro más?' La realidad es que si no se consigue la financiación, no tiene sentido perder el tiempo. Eso no significa que no tenga fe en que podría conseguir el dinero. Pero la fe tiene que estar acompañada por las obras, de lo que hagamos de nuestra parte. Es probable que si me esfuerzo, me esmero, en determinada cantidad de tiempo logre el dinero para realizar el proyecto. Pero si no estoy dispuesto al sacrificio, a tomar los libros ¿para qué me anoto en la carrera? No tiene sentido.

Dios multiplica aquello que nosotros ponemos en sus manos, no lo que no ponemos.

No digo que haya que tener todo el dinero, pero sí analizar la posibilidad de reunirlo y salir a conseguirlo. Es una cuestión de actitud. Si estás dispuesto a conseguirlo está bien que lo hagas. Pero si no estás dispuesto a romper los huevos para hacer la tortilla, cambia de menú, porque tortilla no comerás. Tenemos que establecer metas de acuerdo a los recursos que disponemos.

Ya hemos visto que la magia no existe, sí existen los milagros. Dios está dispuesto a hacer cosas milagrosas, pero no las hará si no estás dispuesto al sacrificio y a la planificación. Si no hay panes ni peces, no come nadie. Dios multiplica aquello que nosotros ponemos en sus manos. No lo que no ponemos.

Pasos Prácticos

1. Define claramente los recursos que necesitas para concretar tu proyecto.

2. Analiza la factibilidad del proyecto desde la óptica financiera y evalúa si es viable.

3. Establece una estrategia para conseguir los recursos y llévala a cabo.

Padre, en el nombre de Jesús pedimos que en esta hora nos des madurez para considerar el precio que tendremos que pagar para concretar nuestro proyecto.
Renunciamos al pensamiento mágico y declaramos que estamos dispuestos a sacrificarnos por lo que deseamos, con la seguridad de que tú harás un milagro de multiplicación con aquello que pongamos en tus manos.
Especialmente nos disponemos a pagar el precio financiero para concretar nuestro proyecto, conscientes de que tendremos que decir no a otras cosas, como enseña tu Palabra, y lo haremos con convicción y gozo.
Yo bendigo a tu pueblo con recursos económicos y con una voluntad férrea para generar el dinero necesario para que el proyecto se concrete en breve.
Gracias, Señor, porque cuando tú das una visión también provees los medios. Sabiendo esto,

permítenos ver que tu Palabra se haga realidad en nuestra vida. Nosotros estamos dispuestos a hacer el esfuerzo que sea necesario. En el nombre de Jesús. Amén.

Llave Contactos 11

El que anda con sabios, sabio será;
mas el que se junta con necios
será quebrantado.

Proverbios 13.20 (RVR 60)

La llave de los contactos se refiere a las personas que uno conoce y con quienes se relaciona. Por favor, relaciónate con personas sabias. Puedes servir a personas necias, porque hay que llevarles la Palabra de Dios. Pero en el momento en el que tengas que elegir a tus amistades o a las personas con la que vas a relacionarte, hazlo con personas sabias.

Por ejemplo, veo en la iglesia a personas separadas que quieren volver a casarse y tener éxito en el matrimonio. Pero en lugar de relacionarse con matrimonios que están bien constituidos, se reúnen solamente con otros separados. Dice la Palabra de Dios: '¿Cómo puede un ciego guiar a otro ciego, no caerán los dos?' Si estás separado y quieres volver a casarte, acércate a matrimonios bien constituidos. Lo dice la Palabra de Dios: si me reúno con personas sabias, seré más sabio.

¿Por qué, en lugar de reunirse a conversar sobre el fracaso, no abordan otros temas relacionados con la manera de enfrentar la vida ahora que están solos?

Los que no tienen trabajo, en lugar de buscar la orientación y la ayuda de los que sí lo tienen, se reúnen con otros desocupados a hacer un inventario de sus penas. ¡Es una locura! El que fracasó en los negocios, no tiene que reunirse solamente con los que les fue mal, sino buscar la compañía de los que tienen éxito.

En una oportunidad prediqué sobre este tema y dije que para aprender a jugar al tenis, debo buscar a alguien que juegue mejor que yo. En cuanto lo iguale, debo buscar a otro mejor.

Busca a personas que tengan propósito en sus vidas. Conviene que te relaciones con personas que transpiren sabiduría. Luego podrás pasar esta sabiduría a otros que la necesitan, y ellos se nutrirán de ti.

Las personas que tienen determinadas influencias abren puertas. Por eso, a la hora de desarrollar el proyecto, tienes que ver de quiénes estás rodeado, porque de otra manera, las puertas no se abrirán.

Habrás escuchado muchas veces de personas que tienen relaciones influyentes. Esto es un capital precioso. Las relaciones no vienen mágicamente. Las relaciones se cultivan. Conozco personas que son especialistas en relacionarse. 'Tuvo la suerte de que el padre conocía de casualidad al gerente del banco que le dio el trabajo.' Un momento: no tuvo 'suerte' ni fue casualidad. El padre cultivó esa relación. Seguramente fue una persona honesta y de bien y a la hora que necesitó algo supo qué puerta ir a golpear. Las relaciones abren puertas. Tenemos que tenerlo muy presente.

Optimiza tu tiempo y fíjate con quién te relacionas. Yo aprovecho al máximo el tiempo que me queda libre y trato de reunirme con personas para aprender de ellos, porque hablar de tonterías no me interesa.

Cuando tengas noticias de que visita la iglesia un hombre de Dios que trae algo, tienes que ir a recibir, a aprender. Trata de conseguir la mejor ubicación, estar lo más cerca posible de la plataforma para escuchar bien. Y presta atención, porque dice la Palabra de Dios: 'El que anda entre sabios, sabio será.'

Las personas que tienen determinada influencia abren puertas. Procura rodearte de personas que sean influyentes, que puedan abrirte puertas, que puedan relacionarte con otros.

Muchas veces, lo que el dinero no puede conseguir, lo logra una relación. Cuando estaba en mi trabajo secular, muchas veces me di cuenta de esto. El gerente de la empresa levantaba el teléfono y pedía hablar con fulano. ¿Y saben quién era ese fulano? Alguien muy importante. '¿Te acuerdas de mí?' 'Sí, ¿cómo estás?' 'Estamos necesitando tal cosa.' 'Por supuesto, vengan a buscarla.'

Las relaciones abren puertas. Una vez tuve que hacer un trámite en un banco. No era una operación de mucho dinero, pero fui en nombre de alguien. Y cuando llegué a la financiera, se abrió el vidrio blindado y el que estaba vigilando como Rambo con una *Itaka*, me miraba desde detrás de una planta. Había unas cinco personas en la sala de espera, pero cuando dije que venía de parte de fulano de tal, no terminé de sentarme y escuché: 'Señor González, pase.' Los que estaban en la sala de espera me miraron como diciendo: 'Este pescado, ¿quién es?' Y a pesar de que mi operación no era tan importante, me atendieron como a un embajador. '¿Necesita algo más? Por favor, exprésele mis saludos a fulano de tal.' 'Serán dados.' Puertas abiertas.

Cuando uno tiene que pedir un crédito o pedir una recomendación para la universidad o para una vacante en un puesto determinado, las relaciones son importantes. Y, a veces, las relaciones útiles no son solamente por la jerarquía. Ocurre que los que trabajan en la limpieza o los que sirven el café fueron amables con los gerentes, y cuando necesitan un favor estos se los conceden. 'Mi hijo está buscando un trabajo...' 'Sí, Rosita, para usted cualquier cosa que me pida.'

En muchas oportunidades, para cultivar relaciones basta con ser amable, atento, un poco pícaro. Y el día que necesitas algo, no se niegan al pedido. Algunas personas pueden conectarte a los círculos en los que es difícil entrar. Hay círculos en los que, si no tienes contactos, no puedes pasar más allá de la puerta. Pero si vas de parte de alguien o te acompaña la primera vez, te presentan y puedes entrar y hacer lo que querías desarrollar.

Algunas personas prosperaron sobre todo por su capacidad de relacionarse con los demás; no tanto porque eran hábiles, sino porque se rodearon de individuos que les abrieron puertas, de personas que los conectaron en un círculo. Sin tener un peso, hicieron negocios fabulosos, porque hicieron el puente y cobraron lo que les correspondía. Tienen contactos en todas partes. Siempre caen parados. Es un capital extraordinario, pero lo tienen porque lo han desarrollado, se han relacionado con las personas indicadas.

Hay relaciones que se buscan con intenciones precisas. He conocido en el mundo de los negocios a muchos que, a pesar de que detestaban el golf, se habían asociado a un club de golf, aprendieron a jugarlo y en la cancha de golf lograban los mejores negocios de su vida. "Yo vendo seguros de vida y no puedo venderle seguros a los que ganan 500 pesos. Y estos que juegan son los que compran. Mientras juego, converso. '¿Y si te mueres ahora, qué le pasa a tu familia?' 'Nunca pensé en eso', te contestan. 'Bueno, para eso estoy yo. Te vendo una póliza.'" Están a la pesca. Y como te digo el club de golf, te digo el ballet, las ferias de libros.

> **La llave de los contactos abre puertas que no abren otras llaves. Úsala y prosperarás.**

No estamos hablando del amor hacia las personas. Hablamos de relaciones laborales, de relaciones profesionales que te pueden tender un puente. La llave de los contactos muchas veces abre puertas que otras llaves no abren. Úsalas y prosperarás. Al margen de que a todo el mundo hay que predicarle, teje una red de contactos que te beneficiarán.

Algunos jóvenes hacen pasantías no rentadas. 'Pero este es un loco. ¿Trabajar gratis?' No es loco: trabajó gratis en una empresa de primer nivel y en su currículo pondrá que trabajó ahí. O se relacionó. En el juzgado conoció a un montón de jueces. Entonces cuando abre su estudio legal tiene a varios jueces conocidos.

No subestimes los contactos. Aunque a veces debas estar con personas con las que no tendrías mucho interés de contarlos como amigos. No son nuestros hermanos de la iglesia. Si no conocen a Cristo los tenemos que evangelizar; pero además de eso, nos relacionaremos para aprender de ellos y entrar en el medio en el que ellos se mueven.

La llave de los contactos abre puertas que no abren otras llaves. Úsala y prosperarás, usa la llave de los contactos para relacionarte con gente sabia, para tener contacto con personas que te puedan vincular.

Pasos Prácticos

1. Analiza cuál es tu círculo íntimo y qué aporta a tu vida.

2. Establece nuevas relaciones según el proyecto que quieras concretar.

3. Relaciónate con personas que demuestren sabiduría en su forma de vivir.

Gracias, Señor, por esta enseñanza de tu Palabra, que para ser más sabios debemos relacionarnos con sabios. Nos disponemos a amar y a evangelizar a todos, pero para concretar nuestro proyecto queremos rodearnos de las personas más adecuadas y con humildad aprender de ellos.
Danos la capacidad de acceder a los ámbitos que nos permitan desarrollar nuestro proyecto y crecer profesionalmente. Renunciamos a compañías negativas, porque así como el que se junta con sabios será más sabio, tu Palabra también enseña que el que se junta con necios será quebrantado, lo cual significa que saldrá perjudicado. Por eso, danos sabiduría para escoger nuestro círculo íntimo y para relacionarnos con las personas más propicias para lo que queremos concretar.
Yo bendigo a tu pueblo con buenos consejeros y con relaciones sanas y productivas. En el nombre de Jesús. Amén.

Llave Fortaleza 12

PERO EL DIOS DE TODA GRACIA,
que nos llamó a su gloria eterna
en Jesucristo, después que hayáis padecido
un poco de tiempo, él mismo os perfeccione,
afirme, fortalezca y establezca.

1 Pedro 5.10

Cuando pasas por sufrimientos, Dios te perfecciona, trabaja en tu vida, te afirma y fortalece.

La llave de la fortaleza se aplica específicamente al fracaso. Es habitual ver a personas que, por miedo a que algo no resulte, se quedan paralizadas, sin hacer nada. Por más que entiendan que el proyecto es de Dios, no pueden emprender nada. 'Yo no me equivoqué nunca', dicen. Claro, si nunca hicieron nada, ¿cómo se van a equivocar?

'Nunca me rechazó una mujer.' Por supuesto, nunca le confesó su amor a ninguna. 'Nunca me casé, nunca tuve hijos, y acá estoy, lo más bien.' Sí, solo como un hongo. 'Nunca fracasé en un negocio', y se olvida de aclarar que nunca emprendió nada, ni prosperó, ni se desarrolló. Nunca hacen nada, y por lo tanto, nunca fracasan. Sin embargo, no hacer nada ya es un fracaso.

El fracaso es una posibilidad en cualquier proyecto. A pesar de tomar todos los recaudos, igual se puede fracasar. A pesar de que uno tome todos los recaudos para minimizar el margen de error, la posibilidad de fracasar siempre estará presente.

> Los cristianos nos manejamos contando con la revelación divina, pero también tendremos que probar, ensayar.

No hay peor fracaso que el de quedarte con la duda de que eso que podrías haber emprendido hubiera dado resultado. Para correr el riesgo hay que tener carácter, fortaleza. No todo es fácil. Si siempre supiéramos cuál es la inversión acertada, seríamos multimillonarios, nos dedicaríamos a asesorar empresas y ganaríamos fortunas.

Los cristianos contamos con la revelación divina, pero también tendremos que probar, ensayar. En la práctica iremos corrigiendo las variantes que no se producen como pensábamos.

No obstante, ante un fracaso, hay dos actitudes indispensables que debemos asumir:

La primera: aprender la lección que nos deja el fracaso. La manera en la cual el fracaso se vuelve valioso para nosotros es capitalizando la lección que aprendemos. Si uno analiza el fracaso puede descubrir qué fue lo que no resultó, qué fue lo que salió mal. Y uno debe aprender, porque la mejor manera de no repetir una caída es aprender de la caída anterior. Debemos analizar qué hicimos mal o qué no hicimos y cuál fue la causa de que obtuviéramos un resultado diferente del que esperábamos. Aunque no descubras qué hay que hacer para tener éxito, por lo menos aprendiste lo que no hay que hacer.

'No sé cuál es la fórmula, pero sé que esta no es.' Hay personas que repiten la misma fórmula a pesar de que no les dio resultado. El refrán popular dice: 'El único animal que tropieza tres veces con la misma piedra es el ser humano.' A pesar de que esa manera de hacer las cosas no nos da resultado, la repetimos.

La segunda: comprender que un fracaso no nos hace fracasados, a menos que no volvamos a intentarlo, por supuesto. Tenemos que independizarnos emocionalmente. Hay personas que piensan que por que quisieron hacer algo y nos les salió bien son fracasados. No es así. Fracasó ese proyecto, pero eso no te convierte en un fracasado, te convierte en alguien que tuvo un fracaso. Cuidado con esto: El hecho de haber tenido un fracaso no te convierte en un fracasado. A menos de que, como dije antes, no vuelvas a intentar otro proyecto, o que insistas con lo mismo repitiendo los mismos errores.

Aunque fracasemos en un área, eso no significa que no podamos intentarlo en otras. El fracaso podría estar indicándote que esa área no es para ti. Por esta razón es tan importante la independencia emocional.

En otras palabras, necesitamos independencia emocional del resultado. El proyecto no somos nosotros. Tu vida es más que un proyecto. Hay muchas personas a las que parece que se les acabó la vida cuando las echaron del trabajo, se consideran fracasados laboralmente y no vuelven a buscar otro trabajo. Es como decir: 'Dios me sanó, pero tal vez me enferme de nuevo.' Se estigmatizan. Se consideran 'estrellados'. Si tu corazón está puesto en tu proyecto, no está puesto en el Señor. Tu tesoro debe estar puesto en el Señor.

Por último, te comparto lo que leí en un libro acerca de cuatro personas que llegaron a ser millonarias antes de los treinta y cinco años. El libro decía que antes de alcanzar esa fortuna cada una de estas personas había fracasado, en promedio, diecisiete veces. O sea que algunos fracasaron diez veces y otros treinta. Cuando les preguntaron cuál fue el método para alcanzar esa riqueza, todos coincidieron en que el secreto era 'volver a intentarlo'.

Cuando les preguntaron cuál fue el método para alcanzar esa riqueza, todos coincidieron en que el secreto era 'volver a intentarlo'.

'Puse un negocio y perdí todo, compré un taxi y me lo robaron, me compré un paraguas y salió el sol... Hasta que hice esto, y salió bien.'

Por lo general, uno ve los logros y piensa: '¡Qué buena idea que tuvo este hombre!' Lo que no te dicen es que ya es la sexta vez que lo intenta, que tuvo cinco ideas que fracasaron. Tuvo la constancia, la disciplina y sobre todo la independencia emocional. Me imagino a la esposa: 'Viejo, ¿por qué no aflojas un poco? Busca un trabajo serio y deja de hacer pruebas.' 'No, no, esta vez saldrá bien.' Y ¡booom! De nuevo el fracaso. Otra vez: a nadie le gusta fracasar, pero la independencia emocional tiene que ver con que no pienses que por fracasar otra vez eres un fracasado.

Si cantamos 'El Victorioso vive en mí', cuando viene el fracaso llega el momento de cantar esta canción en serio. 'A pesar de que no salió como lo esperaba, el Victorioso está conmigo y no me deprimiré. Esta circunstancia no me aplastará. Volveré a intentarlo.'

Los discípulos tuvieron esa capacidad, porque cuando volvieron con la barca a tierra y Jesús les dijo: 'Vayan a tirar la red otra vez', los muchachos contestaron: 'Señor, estuvimos tratando de pescar toda la noche, y con todo respeto, nosotros somos pescadores y tú eres carpintero.' Pero Jesús insistió: 'Vayan y tiren la red de nuevo.' Y ellos tuvieron la capacidad de decir 'en tu nombre echaremos las redes'. Y dice el relato que la pesca fue milagrosa y que tuvieron que ir a ayudarlos porque la barca se hundía.

Dios es un Dios de oportunidades. Quizás lo que intentaste fracasó porque cuando echaste la red no lo hiciste en el nombre del Señor sino que la arrojaste en tu propia sabiduría, en tu propia prudencia. Quizás la echaste en tu propio orgullo, en tu propia convicción. Tal vez tengas que comenzar una vez más con tu proyecto. Quizás debas retomar tus estudios en la universidad, o intentar una nueva pareja, o rehacer tu ministerio.

Tal vez sea la ocasión para que digas: 'Señor, me fortalezco. Quiero que me perfecciones, quiero que me limpies y me establezcas, y esta vez voy a echar las redes en tu nombre. Y si no viene la pesca milagrosa será la próxima, hasta que me muestres lo contrario yo seguiré echando la red en tu nombre, seguiré perseverando en aquello que entiendo que es tu voluntad. Y sé que recibiré el galardón que tienes preparado para mí.'

Pasos Prácticos

1. Contempla el fracaso como una posibilidad, y si este ocurre fortalécete y aprende de él.

2. Si fracasa tu proyecto, recuerda que esto no te hace un fracasado. Quítate de encima la presión y disfruta del proceso.

3. Fortalécete en el Señor; tu vida depende de él y no de tu proyecto.

Gracias, Señor, porque tú nos perfeccionas y para esto también nos fortaleces.
Ahora pedimos tu fortaleza para cada etapa de concreción del proyecto y rechazamos todo desánimo. Renunciamos a sentirnos fracasados por haber fracasado en algo. Nos independizamos emocionalmente, declarando que aunque un proyecto fracase nosotros no somos fracasados, a menos que nunca más intentemos nada.
Necesitamos que nos enseñes a que podamos disfrutar del proceso, sin preocuparnos por el fracaso o el qué dirán.
Yo bendigo a tu pueblo con fortaleza para llevar adelante su proyecto en todo tiempo. En el nombre de Jesús. Amén.

Esta edición se terminó de imprimir en
Ghione Impresores SRL
Ciudad Autónoma de Buenos Aires, Argentina,
en el mes de mayo de 2011.

www.ghioneimpresores.com.ar

[10]